人生を「私の履歴書」から学ぶ

「心の雨の日」には

吉田勝昭

Masaaki Yoshida

はじめに

●本著の狙い

人生には三大不幸があると言われています。それは病気、貧乏、煩悶(はんもん)の3つです。人間誰しもこの不幸は避けて人生を過ごしたいものです。しかし、どんなに逃げようとしてもこの3つには人生のどこかで捕まります。重い病気しかり、経済的困窮の貧乏しかりです。特に煩悶は「悩み」や「苦労」と置き換えた場合、家庭でも職場でも、人間関係においても次々と沸き起こり、生きているあいだ中、付きまとわれることになります。

私は社会人になって2年目、昭和42年（1967）から『日本経済新聞』文化欄のコラム「私の履歴書」を意識して読み始めて、50年が経ちました。初めは営業職でしたから、この「履歴書」に登場する経済人を読むのが中心でした。しかし仕事に慣れるに従って政治家、芸術家、アスリート、芸能人などにも拡がっていきました。当初、興味の対象は、仕事や経営のヒントになるものでしたが、次第に人間の生き方に重点が移っていきました。この「履歴書」

に登場する人たちは、それぞれの不幸に遭遇しながらもそれを克服し、世の中から評価される大きな仕事を成し遂げられた人たちばかりです。芸術家やアスリートなどいろいろなジャンルの人たちが「困難に直面した際、どのように考え、どのように対処し、克服されたのか」をたいへん興味深く読むことができました。

その各人の克服法を読んでいると、そこには一定の共通した考えや行動があることに気がつきました。それは、各人が置かれている環境の「現状肯定」でした。長い闘病生活や職場の人間関係で窮地に陥ったとき、現在自分が置かれている環境、自分の実力などを総合的に冷静に判断し、現状を肯定した上で、この環境を打開するための積極的な行動を取っていることでした。このような現状克服の視点から、この本を読んでいただければうれしいです。

この対処法は私の心の師である中村天風先生が、常にいわれていた箴言「晴れてよし、曇りてもよし、富士の山、もとの姿は変らざりけり、心ひとつの置き所」を思い出すのです。「心の置き所」とは「心の持ち方」だと理解し、そのとおりだなぁと。この元箴言は、山岡鉄舟作といわれていますが、どのような環境に陥っても心の持ち方一つで、マイナスの境地がプラスに変わるということでした。それゆえ「履歴書」に登場する先達は、これに気づいて困難に陥った現状を肯定し、あるがままの自分を受け入れて、それを打開するための積極策を採り克服に結び付けたのでした。これらの気づきを先達は異口同音にこの「履歴書」の中で述べてくれています。

●分類と項目

この「私の履歴書」がコラムとして登場したのは、昭和31年（1956）3月であり、そして平成29年（2017）3月までの61年間に810名が登場しました。私はこれらの登場者の「履歴書」を全て読み、今回、いろいろな不幸を「人生・雨の日」として、その克服法を「逆境・不遇にどう向き合うか」「病やハンディキャップとの闘い」「家庭・家族問題の悩みに対処する」「マイナスの境遇・運命を乗り越えて」「激動の歴史の中で生きる」に分けて、それぞれ分類してみました。

また、この中には5年前に経済人を中心として書いた拙著『ビジネスは「私の履歴書」が教えてくれた』（2012年、中央公論事業出版）から、一部抽出し加筆したものも含めましたので、ご了承ください。

1．逆境・不遇にどう向き合うか

①破産、②失意のどん底、③失敗の連続、④長く苦しいスランプ、⑤嫌な部署配属、

⑥降格人事、⑦左遷の連続、⑧不本意な出向、⑨過酷なシゴキ、⑩ガラスの天井を破る、⑪不況の活用、⑫転職、⑬懲戒解雇、⑭一人二役で超多忙

2. 病やハンディキャップとの闘い

①落第、②覚醒剤、③虚弱体質、④病気、⑤吃音症（どもり）、⑥帰国子女、⑦いじめ、⑧劣等感、⑨方言コンプレックス

3. 家庭・家族問題の悩みに対処する

①二代目社長の悩み、②貧乏からの脱出、③ぐうたらと訣別、④妻の死、⑤事実婚の苦悩

4. マイナスの境遇・運命を乗り越えて

①数奇な運命、②周囲の好意と協力、③実母に育てられなかった、④大惨事、⑤自暴自棄

5. 激動の歴史の中で生きる

①日本でいちばん長い日の前後、②財閥解体、③皇室の財産分離

これら先達たちの心の「雨の日」の克服法を知ることで勇気づけられ、これからの職場や家庭指導、自分の生き方に役立つことを願っています。

●一般に「私の履歴書」を読む目的と魅力

また、職場や勉強会で「新聞を読んでいますか?」と質問すると、ほとんどの若いビジネスパーソンが「読んでいません」と答えます。必要な情報はネット検索で調べれば、こと足りるといいます。一方で、今「私の履歴書」を読んでいる人たちに、読んでいる目的や魅力を尋ねると次のように答えてくれます。

1. 仕事や経営のヒントが学べる
2. 先達の生き方が学べる
3. 芸術家やアスリートなどの違った世界を知ることができる
4. いろいろな人生苦難の克服法が学べる
5. 健康法や近代史の裏面が学べ、話題を広げることができる

などです。このような目的や魅力を心の「雨の日」に追加して読んでいただければ、若いビ

ジネスパーソンにも楽しんで読んでいただけると思うのです。

２００６年9月に日本経済新聞社がテレビと同じような読者アンケートを、コラム欄対象に取ったところ、毎日読む欄の1位は「私の履歴書」84・5％、2位は「春秋」（コラム）82・2％、3位は「社説」79・6％、4位は「交遊抄」（文化面のコラム）74・5％だったそうです。読者は３００万人と言われていますから、毎日２５０万人以上が「私の履歴書」を読んでいることになります。

また今後もこのコラムを読むことで、取引先や仲間との共通の話題を見つけることができ、付き合う世界が広がります。人脈の形成にも役立ち、「私の履歴書」愛読者の大きなメリットとなることでしょう。

「私の履歴書」には、それぞれの分野のすぐれた人たちの人生の縮図が書かれています。これを読むと他人の人生であっても、自分が疑似体験したのと同じ感じになり、人生を広く深く感じることができます。そのため本著では、文中に登場者の文章をできるだけ取り入れ、その考えや人柄を容易には知りえない読者の方々に、直接触れていただくようにしています。この理由から、引用は最低限に止めようとしつつもやや転載に近くなっている箇所もありますが、ご登場の方々にはご寛容をお願いいいたします。

人間一人が体験しうる範囲は限られています。それゆえ、よりよく生きる知恵はどこからか吸収する必要があります。本著から得られた情報や知識が、読者の方々のこれから生きるうえでの心の糧（かて）（技術や財産）になれば、筆者の望外の喜びとなります。

なお、この本で紹介する方々はいずれも人生の大先輩ばかりですが、編集の都合上、失礼ながら敬称を略させていただきました。ご了承をお願いいたします。

吉田勝昭

人生を「私の履歴書」から学ぶ　目次

第3章　家庭・家族問題の悩みに対処する

第4章　マイナスの境遇・運命を乗り越えて

第5章 激動の歴史の中で生きる

装幀　印牧真和
扉絵　雨田光弘

第1章

逆境・不遇にどう向き合うか

人生をなんの苦労もなく、順調にすごせる人はいない。誰でもどこかで不遇時代を経験しているものです。

ビジネスパーソンにとってはその原因の大部分が、不本意な左遷や子会社への出向、配属異動、職場の人間関係によるものなど、仕事に関係しています。そのとき本人は、会社や上司を恨み、悶々とした鬱積の日々を送りますが、「私の履歴書」の執筆者たちは、その不遇時代に黙々と努力を続け、次の飛躍に備えて力をたくわえ、大成していきます。その好例をこの章で取りあげました。

1. 破産

大企業の社長でも創業時代は倒産寸前まで追いこまれた経験を吐露してくれています。大企業になっても事業拡大に失敗した場合や地震などの自然災害に遭遇することもあるはずです。資金繰りに追われ血の小便を流し、「金のないのは首のないのと同じ」とか「死ぬよりも苦しい」といわれます。しかし、そのときの苦労が人情の機微や経営の責任を知ることとなり、経験者の人間性を大きく成長させることにもなります。この例を二つ紹介します。

①「追いつめられて」
加山雄三（俳優：1937〜）掲載：2009年7月1日〜7月31日

俳優、シンガーソングライター、タレント、ピアニスト、画家。ニックネームは若大将。作曲家としてのペンネームは弾厚作。父は俳優の上原謙、母は女優の小桜葉子。母方の高祖父は明治の元勲・岩倉具視である。

1937年、神奈川県生まれ。慶應義塾大学を卒業後、1960年春に東宝へ入社。同年『男対男』で映画デビュー。当時、同じく有楽町にあった渡辺プロにも一時期在籍した。1961年、『夜の太陽』で歌手デビューする。『NHK紅白歌合戦』出場17回。代表曲多数。後のフォークソングやニューミュージック全盛時代に先立つ、日本におけるシンガーソングライターの草分け的存在である。

両親の七光と持ち前の好感度で早くから東宝の若手看板スターとして大活躍する。娯楽映画の『若大将シリーズ』が大ヒットし代表作となるが、一方で黒澤明、成瀬巳喜男、岡本喜八といった名匠の作品にも多く出演していた。また、主演映画で歌った彼が作曲した『君といつまでも』は350万枚の大ヒットとなり、爆発的な売れ行きを記録する。映画以外でも作曲家・弾厚作として『夜空の星』などシンガーソングライターとしてもコンサートで大成功を収める。この華やかな時代に母方の叔父が１９６５年、神奈川県茅ヶ崎市にパシフィックホテル茅ヶ崎を開業し、彼は取締役に就任していた。しかし、このホテルは１９７０年7月に23億円の負債を抱え倒産、そして18億円で売却され、彼は経営陣の一員として巨額の債務を抱えた。この2カ月前に母親を52歳で亡くしており、悲しみに暮れているところにこのホテルの倒産劇が起こったのだった。彼はいたたまれなくなりアメリカに逃避する。加えて、女優松本めぐみとの外国での電撃結婚が世間を騒がせ、かつてない不遇の時代を迎える。

同年９月に妻を伴って帰国すると、同日夜の記者会見ではマスコミからは借金逃避と外国での突然の結婚に対して、「甘い、甘い」「いい気なもんだ」など厳しい批判が浴びせられた。家もいままでの豪華な家には住めず、２ＬＤＫのマンションに引っ越すことになる。叔父の事業の失敗を恨んでも仕方がない。自分の身から出たサビと観念する。しかし借金の返済を迫られ、苦境で彼の心は荒(すさ)むばかりであった。そのうえ『若大将シリーズ』は打ち切られ、彼の出番が少なくなっていくと手のひらを返すように彼の周囲から多くの人が去っていった。

「ばかやろう、ばかやろう」。税務署に最低限の生活費は認めてもらったが、収入の大半は差し押さえられる。卵かけご飯の卵を妻と半分ずつ分けたりもした。僕はもらった酒を飲んでへべれけになり、庭の立木をなぐり続けた。こぶしが血だらけになっても、まだな

ぐる。「ばかやろう」。気持ちをどこにぶつけたらいいのか分からなかった

そんなときに彼の心情を岩谷時子が作詞してできたのが、「追いつめられて　お前とふたり知らない街を　歩いている」という歌詞の『追いつめられて』だった。この窮地を冷静に見つめ、ここから再出発すると心に誓う。そして、とにかく収入を増やすため、ナイトクラブやキャバレー回りをも積極的に行った。こんな苦労を重ねて借金の返済に充て、質素な生活を続けたので10年で完済することができたのだった。

１９７０年代に入ると『若大将シリーズ』のリバイバルブームが巻き起こり、映画界のスターとして復帰する。また、テレビドラマの出演や、新曲コンサートも超満員となり、第二の加山雄三ブームが沸き起こった。苦節10年、どん底を経験した彼は人間力を高め、ここで新曲の構想を温めた期間は無駄ではなかった。そして海の好きな彼は「苦しい時を支えてくれたのは、海であり、妻であった」と書き、感謝している。

②「夜逃げの辛さ、苦しさ」
永野重雄（富士製鉄社長：１９００〜１９８４）掲載：１９６９年1月1日〜2月2日

戦後日本を代表する経済人の一人。新日本製鐵会長、経済同友会代表幹事、日本商工会議所会頭などを歴任した。財界四天王（小林中・日本開発銀行総裁、水野成夫・サンケイ新聞社長、櫻田武・日清紡社長）の一人で、〝戦後の財界のドン〟ともいわれた。

１９００年、島根県松江市生まれ。大正13年（１９２４）東京大学を卒業し、浅井物産に入社するが、１年後倒産した富士製鋼を再建するため転社する。これには彼の長兄・護と長兄がお世話になった渋沢正雄の会社との義理があったので引き受けた。

会社再建のために、３００人の従業員が一丸となって戦っているさなかに昭和初頭の大不況が襲ってきた。京浜工業地帯の煙突の煙が消えてしまうほどの古今未曾有の大不況だった。当時トン当たり5〜6万円していた鉄板が40円、丸棒が50円を割ったという。それでも買ってくれるところがあれば良かったが、買い手がつかなくなった。もう破産よりほかないというところまできた。工場の全設備は銀行へ担保に入れたから、借金の利子さえ払えないので銀行は１銭も貸してくれない。ついには従業員に賃金を払うことも欠くありさまとなった。これを何度か乗り越えたものの、昭和６年（１９３１）の暮れにはどうにも首が回らなくなり、ついに夜逃げをするよりほかなくなった。家には帰れないので、暮れから正月までの何日間か東京の安宿を転々とし、しまいには箱根から熱海の宿にも泊まることになった。そのときの苦しい心境を次のように書いている。

正月の温泉町は静かな中にも新春らしい活気がある。通りには羽子板を持った子供たちの楽しそうな姿が見え、時折り島田に結(ゆ)った女が、男に添うようにして通りすぎていく。それに引きかえこのオレは……夜逃げの話は聞いていたが、こんなにたまらないものかと、身にしみて知らされた。柔道で首を絞められる苦しさなぞ、それを思えば物の数ではない

けれども彼はいつまでも逃げおおせていられるものではないと思い、渋沢正雄社長や３００人の従業員のことを考えると川崎の会社に戻るしかなかった。そして銀行に倒産回避の必死の工面と交渉をして危機を脱出したという。このときの「夜逃げ」の苦い経験が彼を逞(たくま)しい経営者に育て上げ、日本財界のリーダーに成長させたのだ。彼が〝戦後の財界のドン〟と尊敬された証拠を「履歴書」に登場する名前の回数により次の表（28ページ）に示す。

経済人の場合

順位	回数	氏　　名
1	32	松下幸之助(注1)、永野重雄
2	29	石坂泰三(注2)
3	27	小林一三、松永安左ヱ門(注3)
4	26	渋沢栄一、中山素平
5	25	稲山嘉寛(注4)
6	23	佐藤喜一郎(注5)
7	22	小林中、土光敏夫(注6)
8	21	鮎川義介(注7)
9	20	渋沢敬三
10	19	池田成淋、伊藤忠兵衛(注8)、植村甲午郎(注9)

昭和31年から『日本経済新聞』の文化欄に掲載された「私の履歴書」に登場した人物は、平成15年末（47年間）までで650余名。今回、平成15年までに集計したのは経済人だけなので、それ以降の経済人、他の政治家や官僚、作家、芸術家などの登場者の回数を入れれば、この順位は変わると思われる。しかし、戦前・戦後の日本経済を牽引し、リーダーシップを発揮した人々が大きく影響を受けた各界のリーダーを知る一つの目安になるのは間違いないと思い、掲載した。

苦労人で面倒見のよい松下幸之助と永野重雄がよき相談相手としての筆頭に挙げられている。意外に思えたのは、明治初期の国立銀行や基幹産業および教育などに多大な貢献をして子爵となった渋沢栄一は第4位であり、また、東芝の再建や経団連会長として財界総理として評価の高かった石坂泰三は、新日鐵の永野重雄のそれに及ばなかった。

その理由を私なりに考えてみると、渋沢栄一や石坂泰三は政府系の仕事や産業全体の仕事が多く、企業単位の個人的な相談ごとは永野重雄や松下幸之助に及ばなかったのではないだろうか。特に倒産寸前までいき、夜逃げの苦渋を味わっている永野には相談に来る相手に適切な助言をすることができたからなのだろうと思った。

注

１松下幸之助（松下電器産業社長・会長：１８９４〜１９８９）掲載：第1回目　１９５６年8月19日〜8月26日、第2回目　１９７６年1月1日〜1月31日

１８９４年、和歌山県海草郡（現・和歌山市）に生まれた。父が米相場で失敗し破産したため、一家で下駄屋を始めた。尋常小学校を4年で中退し、9歳で丁稚奉公に出される。パナソニック（旧社名：松下電気器具製作所、松下電器製作所、松下電器産業）を一代で築き上げた経営者である。「経営の神様」の異名をとる。実業家、発明家、著述家。晩年は、ＰＨＰ研究所を設立して倫理教育に乗り出す一方、松下政経塾を立ち上げ政治家の育成にも意を注いだ。

２石坂泰三（経団連会長：１８８６～１９７５）掲載：１９５７年1月1日～1月11日

１８８６年、東京生まれ。１９１１年、東京帝国大学法科を卒業し逓信省に入省。その後、第一生命に入社。経営力を見込まれ東京芝浦電気（現・東芝）社長を経て、第２代経済団体連合会（経団連）会長。経団連会長を４期、12年務めた。経団連会長の異名「財界総理」とも呼ばれた。

３松永安左ヱ門（電力中央研究所理事長：１８７５～１９７１）掲載：１９６４年1月1日～1月31日

１８７５年、長崎県壱岐に生まれた。１８８９年に東京へ出て慶應義塾大学に入学。福澤諭吉の謦咳に接する。慶應義塾大学中退後、福澤桃介の紹介で日本銀行に入行。退職後、東邦電力を設立し、１９２８年には社長に就任する。１府11県に電力を供給する。その後、東京電力設立の立役者となった。その影響で「電力王」「電力の鬼」と言われた財界人であり政治家（帝国議会衆議院議員１期）である。美術コレクター、茶人としても知られ、耳庵（じあん）の号をもつ。近代小田原三茶人の一人として有名。

４稲山嘉寛（八幡製鉄社長：１９０４～１９８７）掲載：１９６５年3月18日～4月13日

１９０４年、東京市京橋区銀座（現・東京都中央区銀座）に生まれる。１９２７年、東京帝国大学経済学部を卒業後、官営八幡製鉄所に入所する。太平洋戦争後の１９５０年、日本製鉄（日鉄）が八幡製鉄と富士製鉄に分割されると、八幡製鉄の常務兼営業部長になり、１９６２年社長に就任する。富士製鉄社長の永野重雄とともに、旧日鉄の復活を目指し、公正取引委員会他の反対を乗り越えながら、１９７０年八幡・富士合併による新日本製鐵（新日鐵、現・新日鐵住金）誕生を実現させた。つねに「競争より協調を目指すべき」という信念が稲山の行動原理として貫かれており、「ミスター・カルテル」の異名を取る。若い頃から小唄・常盤津節をたしなむ趣味人でもあった。

5佐藤喜一郎（三井銀行会長：１８９４〜１９７４）掲載：１９６６年1月1日〜1月31日

１８９４年、神奈川県横浜市に生まれる。１９１７年東京帝国大学法学部卒業後、三井銀行（現・三井住友銀行）に入行。ニューヨーク支店長、大阪支店長など、海外要員として経営中枢からは遠ざけられたが、戦後は一転して１９４６年の公職追放の発表があり、前任者が退任したため、佐藤が頭取となった。１９４８年帝国銀行から第一銀行を分離、１９５４年三井銀行に行名が戻り同行社長に就任。その際、頭取を社長と改称。また、社外にあっても戦後日本の経済界のリーダーとして活躍し、経団連副会長などの要職を歴任した。日本棋院総裁。

6土光敏夫（経団連名誉会長：１８９６〜１９８８）掲載：１９８２年1月1日〜2月2日

１８９６年、岡山県御野郡（現・岡山市）に生まれ。１９２０年、東京高等工業学校（現・東京工業大学）機械科を卒業後、東京石川島造船所（現・ＩＨＩ）に入社。１９４６年に社長に就任した。この頃その猛烈な働きぶりから「土光タービン」とあだ名された。

1965年、経営難に陥っていた東京芝浦電気（現・東芝）の立て直しを依頼され、社長に就任。辣腕を振るい、翌年の1966年に再建に成功した。1974年、経済団体連合会（現・日本経済団体連合会。以下、経団連）第4代会長に就任。以後、2期6年にわたって財界総理として第一次石油ショック後の日本経済の安定化や企業の政治献金の改善などに尽力した。1981年には鈴木善幸首相、中曽根康弘行政管理庁長官に請われて第二次臨時行政調査会長に就任した。さらに1986年までは臨時行政改革推進審議会の会長を務めて、行政改革の先頭に立った。謹厳実直な人柄と余人の追随を許さない抜群の行動力、そして質素な生活から、「ミスター合理化」「荒法師」「怒号敏夫」「行革の鬼」「メザシの土光さん」などの異名を奉られた。

7鮎川義介（日本中小企業政治連盟総裁：1880～1967）掲載：1965年1月1日～2月1日

実業家、政治家。日産コンツェルン創始者。満州重工業開発総裁、貴族院議員、帝国石油社長、石油資源開発社長、参議院議員などを歴任。1880年、明治の元勲・井上馨の姪を母として山口県吉敷郡（現・山口市）に生まれた。1903年に東京帝国大学工科大学機械科を卒業、芝浦製作所に入社する。1928年、義弟・久原房之助の経営する久原鉱業の社長に就任し、同社を日本産業（日産）と改称。会社を持株会社に変更し、公開持株会社として、日産自動車・日本鉱業（日本産業に社名変更）・日立製作所・日産化学・日本油脂・日本冷蔵・日本炭鉱・日産火災・日産生命など多数の企業を傘下に収め、日産コンツェルンを形成。第二次世界大戦終結後、１９５２年、日産グループ各社の出資を得て中小企業助成会を設立。１９５６年、日本中小企業政治連盟（中政連）を創立し、総裁に就任。

8伊藤忠兵衛（二代）（東洋パルプ会長：１８８６～１９７３）掲載：１９５７年3月7日～3月24日
１８８６年、滋賀県犬上郡豊郷村に生まれる。父・初代伊藤忠兵衛が呉服店として創業した伊藤本店を発展させ、伊藤忠商事と丸紅という二つの総合商社の基礎を築いた。二代目忠兵衛はカタカナの使用を推進するカナモジ運動の草分けとしても知られ、１９２０年からカナモジカイの創立委員となり、１９３８年10月には財団法人カナモジカイの理事となる。忠兵衛の影響もあって、伊藤忠・丸紅両社では戦前から戦後にかけて正式な社内文書にはカタカナが使われていた。
また平生釟三郎の影響を受けて、財団法人甲南学園の理事となり、甲南中学校、甲南小学校の経営にも関与した。１９５７年（昭和32年）には甲南学園の第5代理事長となる。

9植村甲午郎（経団連第3代会長：１８９４～１９７８）掲載：１９６８年1月1日～2月6日
官僚、財界人。第3代経済団体連合会（経団連）会長、札幌オリンピック組織委員会会長を歴任した。１８９４年、東京府東京市に生まれる。１９１８年東京帝国大学法学部政治学科を卒業し、農商務省に入省。

大臣秘書官、資源局調査課長を務めたのち、企画院調査部長となり、国家総動員法策定の指揮を執る。1940年企画院次長。1945年経団連の前身である「日本経済連合委員会」の副委員長兼事務局長となり、1946年に経団連が発足すると引き続き事務局長に就任した。翌1947年に公職追放となる。しかし、1951年に追放が解除されると経団連に復帰し、のち会長となる。

2. 失意のどん底

人間誰しも若い頃は、夢があり希望があります。それが敗れたとき、失意のどん底に陥ります。その夢や希望が大きければ大きいほど、その失意も深くなります。それを克服して大成した好例を二つ紹介します。

①「夢があれば」

船村徹(作曲家:1932～2017)掲載:2002年5月1日～5月31日

作曲家・歌手。日本音楽著作権協会（JASRAC）名誉会長、日本作曲家協会最高顧問。戦後歌謡界を代表する作曲家の一人であり、手掛けた曲は5000曲以上にのぼる。1993

年、日本作曲家協会理事長。

船村は1932年、栃木県に生まれ、東洋音楽学校（現・東京音楽大学）ピアノ科を卒業する。大学在学時に、作詞家の高野公男と組み作曲の活動を開始した。2歳年上の高野とともに、バンド・リーダーの他、流しの歌手なども経験する。高野から「東京に出てきた人間はいつか故郷を思い出す。お前は栃木弁で作曲しろ。おれは茨城弁で詞を書く」と激励され、協力しあうことになる。

1953年、雑誌『平凡』のコンクール曲に応募したところ、1等になり『たそがれのあの人』がレコード化され、作曲家としてデビューする。しかし、キングレコードから次の作曲依頼が来てレコーディングする際、彼の若気の慢心から楽団員とトラブルを起こし、会社から出入り禁止措置となる。音楽の世に出る舞台を自ら閉ざしたため、仕方なく二人はピアノなど楽器を売り払い、「東京楽団」を結成し、バンドマンや歌手、役者を揃えて地方公演に行く。しかし、興行師に騙されたり、観客も不入りだったため、ギャラが払えず、やむなく解散。楽団の惨めな結末となった。

高野はベレー帽まで質に入れ、私は父の形見の金時計を手放して宿代に充てた。一文無

しになった二人は、それぞれの故郷に帰って金策するしか方法はない

腹を括った彼は追いつめられギターを抱えて宴会や祭りを回る〝楽隊屋〟の仕事を、高野は米軍の劇場から払い下げられた舞台衣装などを売って歩く忍耐の仕事に就いた。こんな失意の時代だったが、お互い「いつか地方の時代が来る」の夢を信じて苦難に耐えた。しばらくすると出入り禁止措置も解け、三橋美智也の『ご機嫌さんよ達者かね』を高野が作詞、船村が作曲をし、レコード化された。これがヒットして二人の音楽界への道が開かれたのだった。二人の名前を不動のものにした本格的な作品は、1955年、春日八郎が歌った『別れの一本杉』で空前の大ヒットとなった。しかし、高野は翌1956年に肺結核のため、26歳の若さで死去した。

彼は茫然自失だったが考え直し、高野と約束した「いつか地方の時代が来る」という夢を信じて望郷の歌『男の友情』『あの娘が泣いている波止場』『柿の木坂の家』『早く帰ってコ』などを作曲し、大ヒットを連発する。『王将』（歌・村田英雄）は戦後初のミリオンセラーを記録し、戦後歌謡界を代表する作曲家の一人となった。夢をもち続け、それを信じて努力していけば道が開けたという好例である。

②「知識ではなく、知恵で生きる」

倉本聰（脚本家：１９３４〜）掲載：２０１５年8月1日〜8月31日

日本を代表する脚本家・劇作家・演出家である。

倉本は、１９３４年、東京生まれで、１９５９年、東京大学文学部を卒業する。ニッポン放送に入社し、本名でディレクター・プロデューサーとして勤務する傍ら「倉本聰」のペンネームで脚本家としての活動を行う。彼は会社に内緒で脚本活動を行っており、当時は夜10時に会社を出て帰宅してからテレビの脚本を書き午前4時頃に就寝、2時間ほどの睡眠で出社する毎日だった。しかし、彼が書いた他社のテレビシナリオが好評を博し、売れっ子ライターとなる。その後、約4年半勤めたニッポン放送を退職し、日活と年間の脚本数を決めて契約するシナリオライターになった。時間を見つけ東映の映画シナリオも担当する。この間は修業と思い書きまくったと述懐している。そうしたとき、ＮＨＫから大河ドラマの脚本を依頼された。

喜んだものの１９７４年の正月に始まった大河ドラマ『勝海舟』で問題が発生した。主役「海舟」役の渡哲也が体調を崩して役を降りることになり、代役に松方弘樹に決まるが、その出演交渉の説得役を彼が務めた。この役は監督とかディレクターがやるものを「脚本家がやりすぎ」との批判がでた。また、このドラマ制作に際し、脚本家の彼と演出家との間でシナリオ変更の是非をめぐる問題がこじれたことで嫌気がさし、脚本を途中で降板した。これに関する取材を受けた週刊誌の記事が彼の意図に反し、ＮＨＫを攻撃する内容に変わっていた。当時の制作局長には自分の軽率を謝罪したが、周りの多くの人からつるし上げられたという。とうとう嫌気がさして北海道に逃避した。39歳のときだった。

**　ススキノを毎晩飲み歩いた。半分ヤケだった。行く末に不安はあったが、さばさばした気分でもあった。飲み屋のバーテンダー、風俗嬢、その筋のお兄さん、単身赴任のサラリーマン、板前さんや地方のおじさん――。いろんな人たちとよく飲み、しゃべり、遊び回った。**

**　東京で付き合っていたのは業界人ばかりだった。『そんな利害関係のある連中とばかりつるんでいて、よくシナリオ書けたよなあ』としみじみ思った**

　札幌に来て3年、ここには高度経済成長時代を経て構造転換の大波の中で衰退し、やがて見捨てられた残骸が沢山あった。彼は次第に北海道の厳しい自然とそこで暮らす人の人情の厚さに癒されていった。

　彼がここで悟ったのは、知識ではなく知恵で生きることだった。彼は目からうろこが落ちる体験を何度もした。山の廃屋、海にも廃屋、そして農村の廃屋の他、炭鉱、山林業、水産業、農業など、かつての日本の繁栄を支えた人たちがいた。これらの人たちと一緒に廃屋に泊りこみ、親しく接することにより、これを原点に構想を膨らませるとシナリオが生まれた。地元の人たちの熱心・多大なロケ支援もあり、これがテレビで大反響を呼んだ『北の国から』だった。

彼が失意の底から北海道で学んだのは「知識ではなく知恵で生きること」だった。それを生かす場を、テレビ用のシナリオライターと俳優志望の若者を集めて働きながら学ぶ「富良野塾」として開設させたのだった。映画や歌舞伎には人材育成があるのにテレビにはこのシステムがない。塾のルールは「若者は金がないから入塾料、受講料、生活費は一切なし」とする。夏場の農作業で全員が稼ぎ、住まいや学習の場も自分たちで造った。管理棟、稽古場、作業場、マキ小屋の他、レストラン棟、宿舎、サイロ棟、乗馬訓練用の馬小屋などもだった。ここでは「知識ではなく知恵で生きる」ことを「学び演技に生かす」ことを信条とした。２０１０年４月４日、富良野塾は幕を閉じたが、４４７人を受け入れ、卒業したのは３８０人。そのうちライターや役者をしているのは３分の１で、活躍中とのことだ。

3．失敗の連続

人生は七転び八起きといわれますが、まさにこの人生を歩んだ人がおられます。失敗にもへこたれず、転んでも、転んでも起き上がった不屈の人でした。

「人生の苦しい経験が事業に生きる」

安藤百福（日清食品会長：1910〜2007）掲載：2001年9月1日〜9月30日

安藤は1910年に台湾で生まれ、1934年に立命館大学専門部を卒業する。1948年に中交総社（のちの日清食品）を設立する。実業家、発明家。日本で「チキンラーメン」と「カップヌードル」を開発し、世界的に普及したインスタントラーメン産業の創始者となった。日清食品の創業者。「チキンラーメン」「カップヌードル」を発明・開発したことにより、食文化に大きな革新をもたらした人物である。

彼は幼い頃に両親を亡くしたため、日本が領有していた台湾で呉服商を営む祖父母に育てられた。小学校を卒業と同時に祖父の仕事を手伝い、その後図書館の司書になったが、事業を興したいという野心にかられ2年で退職、22歳のとき台北市にメリヤス会社を設立して大阪に問屋を設け、メリヤス製品を仕入れて販売、大当たりした。また、プレハブ住宅に機材販売、エンジン部品の製造なども一応の成功を収めたが、軍用機のエンジン部品工場では、国から支給された部品の横流し疑惑が原因で、憲兵隊本部へ連行され拷問や自白を強要された。しかし、やがて無罪が証明されて釈放されたものの、戦災により彼が手がけた事業はすべて灰燼に帰してしまった。

戦後は製塩業、栄養食品開発と食に関係した仕事に切り替わっていった。それは、昭和20年代の深刻な食糧不足をしのぐために、日本政府はアメリカ合衆国から送られる援助物資に頼っていたが、そのほとんどがアメリカの余剰小麦を利用した「粉食」（パン、ビスケットなど）だった。日本の厚生省（当時）は「粉食奨励」を政策として進め、学校給食をはじめ、パン食を奨励していた。彼は、古くから東洋の食文化である麺類をもっと奨励すべきだと、当時の厚生省に提案した。「パンには必ずスープやおかずが必要だが、麺類なら同じどんぶりの中に主食の麺にスープと具材が付いて栄養もある」と主張した。

厚生省の担当官からは、「うどんやラーメンは量産技術が無く流通ルートも確立していないためやむなくパンが主体になっている」実情を説明され、麺文化の振興のために、彼自身が研究してはどうかと奨められたことが念頭に残っていた。

昭和22年頃の街ではまだ、栄養失調で行き倒れになる人が後を絶たなかった。冬のさなか焦土と化した大阪・梅田の闇市で、ラーメンの屋台にできた長い行列があった。寒さに震えながら順番を待つ人々を見て、たった一杯のラーメンのために、人はこれほど我慢するものかと興味をもったのだった。

46歳のとき簡単なラーメンづくりに取り掛かるのは今だと思いついた。しかし、関与していた信用組合の倒産により、理事長だった彼は責任を負い、また無一文になったが奮起した。


彼には部下もいなければ、カネもないので一人で取り組むしかなかった。昔なじみの大工さんに頼んで、庭に10平方メートルほどの小屋を作り、研究所とした。中古の製麺機、直径1メートルもある中華なべ、小麦粉、食用油などを買い、準備を整えた。

開発したい「着味めん」の目標は、①おいしくて飽きがこない味、②台所に常備される保存性、③調理に手間のかからない簡便性、④値段が安いこと、⑤安全で衛生的なことの5つである。彼は「めんについてはまったくの素人」だったため、原料の配合から味付けまで、作っては捨て、捨てては作るの手探りで進めた。しかし、難題は保存性と簡便性だった。

これも何度も試行錯誤の末、妻が天ぷらを揚げているのを見て気がつく。小麦粉の衣が油の中で泡を立てて水をはじき出し、無数の穴が開いていた。麺を油で揚げれば多孔質になり熱湯を注ぐだけで水分が吸収されて柔らかく復元するし、ほぼ完全な乾燥状態になって保存も利く。この発想が即席めんの製法特許「瞬間湯熱乾燥法」の開発となった。彼は朝5時に起きると小屋にこもり、夜中の1時、2時になるまで研究に没頭した。睡眠時間は平均4時間しかなかった。こんな生活を丸1年の間、1日も休みもなく続けた。この即席めん開発が成功したとき、彼は48歳になっていた。そして次のように述懐している。

振り返ると、私の人生は波乱の連続だった。両親の顔も知らず、独立独歩で生きてきた。数々の事業に手を染めたが、まさに七転び八起き、浮き沈みの大きい人生だった。成功の喜びに浸る間もなく、何度も失意の底に突き落とされた。しかし、そうした苦しい経験が、いざという時に常識を超える力を発揮させてくれた。

即席めんの発明にたどり着くには、やはり四十八年間の人生が必要だった

いやぁー、このねばり、このチャレンジ心、この謙虚さ、ほとほと頭が下がる。彼は「48年間の苦しい人生経験がこの事業を成功させた」と書いている。成功もあれば失敗もあり失意の底も経験されている。それを貴重な経験として晩年からの新事業に取り組まれた彼の渾身の努力の前に、神様が微笑むしかなかったという感じである。

4．長く苦しいスランプ

長い人生にはスランプと思われる時期が誰しもあります。人間のバイオリズムの波が好調なときとそうでないときが交互に訪れるからです。アスリートはそれを知っており、好調な時期を長続きするように自己管理を徹底させています。しかし、長い人生ではそれを行っても長く苦しいスランプが続くときがきます。それを「履歴書」に登場する人物はどのように解決していったのか、2例を紹介します。

①「ただ研究心」

野村克也（シダックス監督：1935〜）掲載：2005年6月1日〜6月30日

戦後初・捕手として世界初の三冠王、出場試合数歴代3位、通算本塁打数歴代2位、通算打点数歴代2位、監督としても出場試合数歴代2位、通算犠飛数歴代1位などの記録をもつ。

1935年、京都府生まれ。峰山高校から南海ホークス入団。南海でプレーイングマネジャーの監督、ロッテオリオンズ、西武ライオンズの3球団で現役27年間にわたり球界を代表する捕手として活躍。引退後はヤクルトスワローズ、阪神タイガース、楽天イーグルスで監督を務めた。インサイドベースボールを主張し、最盛期を過ぎた選手の再生工場主としても有名。89年に野球殿堂入り。

野村は、契約金ゼロのブルペン捕手として見習いで採用された。1年でクビを言い渡されるが、上司の温情で残留となる。肩が弱かったため、このままではレギュラーになれないと、砂を詰めた1升瓶、テニスボール、握力計、鉄アレイなどを使って筋力を鍛え、遠投で肩を強化した。

このような努力が実り、翌年のハワイ遠征後に正捕手になれた。打撃も22歳でホームラン30本の初のホームラン王になることができた。しかし、打率は2割5、6分。何よりも三振が100近くあった。打てなかった原因はカーブだった。意地の悪い観客から「カーブの打てないノ・ム・ラ!」「カーブのお化けが来るぞ!」などと野次を浴びるほどだった。カーブをどう打てばよいのか。壁にぶちあたったときに、テッド・ウィリアムズの著書『バッティングの科学』(ベースボールマガジン社)に出会う。その中で「投手は球種によりモーション時に小さな変化を見せる」という一言があり、これをきっかけに投手のクセを研究するようになった。

目を凝らして探してみると、ある、ある、ある。当時の投手は振りかぶった時に、ボールの握りを隠さなかった。ボールの白いところが大きく見えると変化球、小さいと直球とか、振りかぶったときに頭の上で二回反動を取ったら直球、一回だったら変化球など。フォークボールは指で挟むから、グラブがどうしても広くなる。なくて七癖とはよく言ったもの。ほとんどの投手は何らかの癖を持っていた

スランプはアスリートにかぎらず、ビジネスパーソンらにも訪れる。そのスランプを冷静に見つめ、打破するために日夜研究と努力を重ねるのはみな同じ。しかし、その努力の深さ、熱心さにより人生の分岐点は変わってくる。

彼は投手のクセを盗み、球を投げた瞬間に球種・コースを見破る技術を身につけ、カーブを事前に見破ることで苦手を克服した。それ以来、打撃力が格段に向上したが、どうしても稲尾だけは攻略できず、彼は16ミリカメラで稲尾を撮影し研究した。そして、稲尾への精神的な揺さぶり攻撃もかけた。それが他球団選手も恐れた「魔のささやき作戦」（心理かく乱戦法）である。それをライバルの稲尾が次のように「履歴書」で証言している。

好投していて打席に立った。すると「中洲の何とかいう店、べっぴんさんが多いらしいのう」。その店、知らないわけではない。一球ごとに話は具体的になり「○○子ちゃんて、ええ子らしいな」。確かに知らぬ仲でもない。そしてだめ押し。「子供できたって、おまえのか」。

「えっ、本当ですか」。身に覚えがないわけではないから、こちらも動揺を抑えられない。（中略）その後の投球はメロメロ

余談になるが、この「ささやき作戦」を野村が巨人の王・長嶋に応用してみた反応は……。

日本シリーズやオールスターで対戦した巨人の王は、人がいいから話しかけると答えが返ってくる。だが、全く会話にならなかったのが長嶋だ。「チョーさん、最近、銀座出てるの」と尋ねても、「このピッチャーどお？」と違うことを聞いてくる。一球投げると「いい球投げるねえ」。ささやきが全く通じない。つくづく人間離れしている、と感じたものだ

アハハハ。緊迫した試合の中でお互いがこんなプライバシーの侵害に当たる会話（駆け引き）をしていたとは……。主審アンパイアはどんな気持ちでこのやりとりを聞いていたのだろうか。想像するだけでも楽しい。

②「心の支えが必要」
君原健二（五輪銀メダリスト：1941〜）掲載：2012年8月1日〜8月31日

メキシコ五輪のマラソンで銀メダリスト。走った距離は、地球を4周分だという。1941年、福岡県生まれ。高校卒業後、八幡製鉄（現・新日鉄住金）に入社。1960年代から1970年代前半の戦後日本の男子マラソン第一次黄金時代に活躍したランナーである。また、五輪には3大会連続で男子マラソン日本代表として出場した。

君原は、東京五輪でマラソン3位となった円谷幸吉とは同学年だったため、親しくしていた。円谷とは東京五輪代表として半年間ともに練習を重ねたことから無二の親友ともなっていたが、8位になったその晩は宿舎で床に就いて、円谷に羨望と嫉妬と賞賛の入り交じった複雑な感情を抱き眠れなかったという。東京五輪終了後、福岡に戻ってからの彼は、八幡製鉄陸上部に退部届を提出するほどに落ちこんでいたが、コーチの高橋がその退部届を保留扱いのままにしていた。東京五輪マラソンの失敗はしばらく尾を引き、なかなか立ち直れなかったが、彼自身初めて女性からのファンレターが届いたのをきっかけに交流を深め、高橋コーチの勧めもあってその女性と結婚する。彼は結婚で癒され次第に練習に力が入るようになり復帰できた。しかし、円谷は東京五輪後に結婚目前までいっていながら、自衛隊の幹部から「競技に差し障りがある」と反対され破談になった。心の平静を得た彼と、悩みを打ち明ける相手のいなかった円谷との相違がここに生じたのだった。

１９６８年のメキシコ五輪前に、円谷がメダル獲得期待の重圧に負け自殺したことにショックを受ける。「そこまで自分を追い詰める必要はない」と助言できなかったことを、深く悔いていた。

このことがトラウマとなり、以後のレースに影響したが、銀メダルを取ったメキシコ五輪では、最後のゴール前で後ろを振り向き、すぐ後ろにライアンがいるのを知る。それで彼はさらにスパートをかけ、銀メダルを獲得できた。

普段はスピードを落としたくないので後ろを振り向かない彼が、「天国から円谷さんがメッセージを送ってくれたとしか思えない」と述懐していた。そして……。

8位に敗れた東京五輪と銀メダルを獲得したメキシコでは、私にどんな変化があったのだろうか。パワーもスピードもスタミナも東京のほうが上だったと思う。練習量も東京五輪の前のほうが多かった。しかし、自分の力を出し切れる選手ではなかった。（中略）東京五輪後に私は妻帯者となっていた。メキシコでメダルが取れた一番の要因はそこにあると思っている。結婚し、癒やされ、精神的に落ち着いたのが大きかった。その結果、私の競技者としての総合力が上がったのだ

彼は東京五輪マラソンの失敗で走る意欲を失い、スランプに陥ったが、結婚することで気持ちがほぐれ、走る意欲を回復することができた。心の平静を得た彼と悩みを打ち明ける相手のいなかった円谷との違いを指摘し、自分を追いこむ「競技者は悩みを打ち明ける人の支えなくしては生きていけない」と心の支えの必要性を告白している。スランプ克服には家族や肉親などの「心の支え」になる人も必要なのだ。

5. 嫌な部署配属

私が人事担当役員の頃、若い部下や他部門の人たちから「会社を辞めたい」と相談を受けま

したが、原因のほとんどは仕事の悩みではなく、職場の人間関係でした。職場の特徴や人の良いところを見つめ、人と人との間で逞しく生き、成長する人間になって欲しいと今も願っています。

①「ゲーム感覚で楽しく」

賀来龍三郎（キヤノン会長：1926〜2001）掲載：1993年3月1日〜3月31日

賀来はカメラの電子化を進める一方、複写機、ワープロ、プリンターなど製品の多角化をはかり大幅に業績を伸ばし、財界屈指の論客としても知られた。

1926年、愛知県生まれ。旧制五高を出て、戦中、戦後の混乱期に学徒動員や浪人暮らしをしたのち、九州大学を卒業し、28歳でキヤノンに入社する。

ハッキリものを言う性格から、上司やトップと衝突することが頻繁だったため、クビを覚悟したこともあったという。しかし最初の上司は、その性格を「面白い」とし、自分の管轄部下とした。

その経理部では原価計算課に回され、まる6年間在籍することになる。ところが、ここの仕事があまり面白くない。分厚い棚卸表から、社内加工費、外注費、個数、単価などを計算し、それを縦横合わせて合計を出す。1枚やるのに1時間ぐらいかかり、毎月何百枚も計算しなければならない。

やっていることは計算機の代わりのような作業であり、せっかく卒業した大学での知識など、まったく必要としない。

「こりゃ、ひどいところに勤めたな」と思ったものの、新入社員の身で「つまらぬ仕事はできない」などと投げ出すわけにもいかなかった。

そこで、スポーツ好きで明るい性格でもあった彼は、次の名案を実行した。

つまらないとおもいながら仕事をしたのでは、自分が不幸になるだけである。つまらない仕事でもやりようがあるだろうと考えて、計算を〝スポーツ化〟することを思いついた。中学生のころ砲丸投げに熱中し、毎日少しでも記録を伸ばすのを楽しみにしていた。その楽しさを思い出し、毎日、仕事量を記録することにしたのである。そうすると、今日は六枚やった。明日は七枚に挑戦しようと、記録更新の意欲がわいてくる。（中略）

工夫の末、計算の能率は三、四倍になり、ソロバンにも熟達した。それに、いやな仕事でも時間が短く感じるようになったし、私を異常と見た人たちも、半面、まじめで裏表なく、よく働くと認めてくれたこのときの賀来の下積みの事務経験が、カメラが主体の企業であるキヤノンを、複写機、ワープロ、プリンターなど、事業の多角化の成功へと導き、業績を伸ばすことになったのだ。

彼のような「つまらないとおもいながら仕事をしたのでは、自分が不幸になるだけである」という気づきから、いやなことでも面白くしようとするポジティブな発想が、仕事にも人生にも必要なときがある。仕事を楽しく、愉快に取り組めるよう努力する才能は素晴らしいものである。

まず、自分の得意なこと、楽しめることを仕事に結び付ければ、気持ちが楽になる。それにより与えられた仕事に精通することで上司からの信頼を得られ、将来につながった好例だ。

②「仕事を天職と心得」

犬丸徹三（帝国ホテル社長：1887〜1981）掲載：1960年11月21日〜12月11日

犬丸は「日本最高のホテル」として帝国ホテルの名を内外で高め、川奈ホテルなど国内有名ホテルの設立にも数多く関与し、日本のホテル業界の草分け的存在となった。

彼は1887年、石川県に生まれ、1910年に東京高等商業学校を卒業するが、成績不良のため就職に苦労し、やむなく南満州鉄道経営の長春ヤマト・ホテルのボーイになる。

しかし、自分の職業を蔑視する気が抜けず、数年後、出直す覚悟でロンドンに行き修業をするが、ここでもコックではなく窓ガラスふきが日課だった。彼は心中、悶々としていたものの、何をおいても就職することが先決であるため、不平を隠して勤務した。

窓ガラスふきは汚れ仕事で、しかも危険が伴う。厨房で料理に手腕をふるいたいと熱望していた彼は、この仕事を半ば投げやりにやり続け、心はどんどん空虚になっていった。

しかし、このホテルにはもう一人、窓ガラスふきがいた。すでに初老を過ぎた男で、毎日黙々と仕事に勤しんでいるかに見える。犬丸は心中、ひそかにこの男を軽蔑していた。

あるとき、彼が何気なく問いかけた仕事に対する質問への男の答えが、彼に仕事の神髄を悟らせた。そのときの様子を次のように述べている。

「君は毎日このような仕事を続け、それをもって満足しているのか」

すると彼は黙って私を廊下へ導き、両側の窓をさして静かに言った。（中略）

「イヌマル、双方を比べてみろ。拭えばきれいになり、きれいになれば、その一事をもって私はかぎりなき満足を覚える。自分はこの仕事を生涯の仕事として選んだことを少しも

後悔していない」

私はこのことばを聞くに及んで、一瞬何かに深く打ちのめされたごとく感じた。豁然と悟りを開いた思いだった。

実に職業に貴賤なし。なんたるりっぱな生活態度であろうか。私はこの時から窓ガラスふきを天職と心得て専念し、以後職場を変わっても一貫してその気持ちで働くことができるようになったのである

この後、彼は与えられた「仕事を天職と心得」て専念したため、ホテル支配人にその仕事ぶりを認められ、重用されるようになる。そしてロンドン、ニューヨークで修業し、大正８年（１９１９）に帝国ホテルの副支配人となり、建築家フランク・ロイド・ライトによる新館を完成させ、昭和20年（１９４５）には社長となった。

私はこのエピソードを読んだとき、太閤秀吉の草履取り時代を思い出した。信長に仕えた藤吉郎が、冬の寒い日に主君の草履を懐で温めて出したという話だ。与えられた職務を忠実に、誠意をもって務めれば、上司が「見どころのあるヤツ」と正しく評価し、一段上の仕事を与えて本人の力量を試すというのが経営者心理である。与えられた仕事を着実にこなし成果を上げれば、次の一段上の仕事が待っている。人は、与えられた仕事ごとに全力で取り組む必要があるのだ。

③「くよくよするな、気持ちを切り替えよ」

渡文明（ＪＸホールディングス相談役：１９３６〜）掲載：２０１３年４月１日〜４月30日

実業家。「日本石油」と「三菱石油」が合併して「日石三菱」を発足させ、その後の大型合併のたびに起こる社名等にも関連して「新日本石油の生みの親」といわれる。日本石油副社長、日石三菱社長、新日本石油代表取締役社長・会長、ＪＸホールディングス相談役。

１９３６年、東京生まれ。１９６０年に慶應義塾大学を卒業し、日本石油に入社する。最初の配属先が本社東京でなく新潟製油所だったので落胆が激しかった。経済学部を卒業したため、本社事務部門を希望していたので島流しにあうようなイメージだった。しかし、環境が不満だからといって、嘆いても始まらない。いかに良い方向に変えていくかを考えたほうがいいと気を取り直し、せっかくだから製油所をくまなく理解してやろうと、自分でスイッチを前向きに切り替えた。

そして生産現場を見て回り、ヘルメットをかぶり、原油をガソリンや重油に分けるトッパー

（常圧蒸留装置）に潜りこみ、石油製品のできるまでを身をもって実地に学んだ。ここまでやった事務屋はまずいなかったという。これが営業現場に行ったときのメリットとなり、商売で実際に役立った。具体的には、生産部門は急な注文が来るとたいてい「できない」と断るが、彼は段取りを変えれば「できるはず」と提言し、重宝がられた。また、反対に「本当に無理」と判断した注文については、工程上、不可能な理由を具体的に説明して納期を延ばしてもらうことができたからだ。得意先でのトラブルの際も炎天下で背広やワイシャツがぐちゃぐちゃになるのも構わず汗みどろで、３時間アスファルト除去作業をやっていると、この誠意を認めてくれたのか、店主は笑顔で「分かった。もういいよ」と言ってくれたそうだ。

現場を理解し商いの心を会得できたことは、２つの大きな財産になった。偶然選んだオイルマンの仕事がようやく板についてきた

このときの「現場を理解」することと、得意先との交流で「商いの心を会得」することの二つの会得は、彼の大きな自信につながり、次のステップで大きく羽ばたく布石となった。そして後輩たちに次の言葉を贈っている。

実際の会社にがっかりする人も少なからず出るに違いない。
でも、くよくよしなさんな。人生なんて初めから自分の思い通りにいくわけがない。壁を乗り越え切り開いていくところに面白み、醍醐味がある。深刻に見えても、気持ちを切り替えて前向きに臨めば、道は開ける

彼は2000年6月、人事・労務畑や総務優位で販売出身はありえないとされていた日石にあって、初の販売部長からの社長に就任した。のち会長となる。2010年に新日本石油と新日鉱ホールディングスが統合して「JXホールディングス」が設立されると、相談役に退いた。

彼の後輩たちへのエール「気持ちを切り替えて前向きに臨めば、道は開ける」は「履歴書」に登場する人たちに共通する贈り言葉だと思う。

6. 降格人事

積極的な人間ほど、新しい業務や事業にチャレンジしていきます。特に若いときは上司からこれを奨励されます。しかし、図に乗って手痛い失敗をし、降格人事にあうときがあります。

そのとき、この当事者は辛い試練の日々を過ごすことになります。

しかし、経営者は別の価値観で人を見つめています。企業経営は人の営みであり、異質で多様な人間が集まってこそ、切磋琢磨（せっさたくま）で活力が生まれる考えです。個を生かし、全体の力となったとき、企業は信じられないほどの力を発揮するからです。経営者は社会に羽ばたこうとしている人たちに、仕事への挑戦を通じて一人ひとりが大きく成長する機会を与える使命がありま す。だから挑戦の機会を与えるのです。

「いつか必ずチャンスが来る」

八尋俊邦（三井物産会長：１９１５〜２００１）掲載：１９８９年12月１日〜12月31日

八尋は、社長・会長の在任中はイラン革命、イラン・イラク戦争の勃発で暗礁に乗り上げた日本・イラン合弁のイラン・ジャパン石油化学プロジェクトの処理に奔走し、清算を決断した。また、商社出身者として初めて経団連の副会長を務めた人物である。

彼は１９１５年東京に生まれて、１９４０年、東京商科大学（現・一橋大学）を卒業し、三井物産に入社する。終戦はサイゴンで迎えた。

昭和25年（１９５０）、ゴム貿易の自由化を迎え、財閥解体で分割された第一物産（現・三井物産）神戸支店のゴム課長に就任。神戸はゴム工場が多く、ゴム商売の中心地で、ゴム取引所もできたばかりだった。

「ようもうけるな、八尋くん」と言われるくらい活躍したが、調子に乗りすぎて大失敗をしでかす。

昭和29年（1954）、生ゴム100トンを買ったところ、相場が半値にまで暴落し、大損を出してしまった。損失を取り返すべく、必死に挽回のチャンスを狙ったが損の上塗りばかりで、心労のため血尿が出る日々を過ごすことになった。

このとき、実はこの損失が表面化する前に本社物資部ゴム課長への栄転が内定しており、トントン拍子の出世コースの階段を昇ろうとした矢先の出来事だったという。

結局、水上達三（注10）常務にこの失敗を報告して陳謝したが、間もなく〝位冠剝奪〟でヒラ社員に降格された。

業務部預かりの身で、新人並みの電信整理が1日の仕事になった。屈辱の灰色の生活は6カ月続いた。水上常務は廊下ですれ違った八尋に、「底値鍛錬百日だよ、きみ」と秘かに力づけてくれたという。そこで彼は次のように考え努力を続けた。

時期が到来し、敗者復活の機会が回ってきたら、それを自分のものにできるかどうか

で、その後の人生は百八十度変わってしまう

そしてついに、臥薪嘗胆（がしんしょうたん）して自分を鍛えた「底値鍛錬百日」のそのときが来た。まず、輸出化学品課長代理に任ぜられ、降格から2年ぶりに化学部に新設された石油課長で大活躍することになる。

彼は当時を振り返り、何事も粘り強く、諦めない、そうすれば道は必ず開けると気づきを与えてくれた常務に今も次のように感謝している。

私にチャンスを与えてくれた人はだれあろう、水上達三さんその人だった。「どうだ、まいったか」――。この言葉は一生忘れまい

私も不本意な降格人事を経験したことがある。入社20年目に、花形だった営業部から地味な総務部に異動になったのだ。

課長席に座って業務上必要な会社の諸規則や過去の重要契約文書の点検をしていても、まったく頭に入ってこず、楽しかった営業時代の思い出ばかりが蘇る。

午後からの諸法令の勉強会で、眠くてついウトウトし、副社長から「こらぁー、居眠りしている課長がいるぞ！」と大声で叱られるなど、意気消沈の毎日が続いた。

こうした悶々とした日々を送っていたある日、以前上司だった社長とトイレで隣り合わせになった。「あまり元気がないな。おまえのことを心配していたんだ。慣れない仕事で大変だろうが、会社で重要な部署だからヘソを曲げないでやってくれ。俺はおまえの仕事ぶりを見ているから、ヤケを起こさず頑張れ」と言われた。

「そうだ。自分を見てくれている人もいるんだ。自分が怠けると、そのツケは必ず将来自分に返ってくるはずだ。心を入れ替えて一から出直そう」と決心した。

人間、不思議なもので、気持ちの持ち方で苦労が楽しみに変わった。苦しくとも気持ちを切り替えて前向きに臨めば、きっとチャンスは訪れる。

注

10水上達三（日本貿易会会長：1903～1989）掲載：1973年8月15日～9月10日
1903年、山梨県北巨摩郡（現・韮崎市）に生まれる。1928年東京高商（現・一橋大学）卒業し、三井物産入社。太平洋戦争後、財閥解体により、三井物産は多数の会社に分割され、その一つである第一物産代表取締役常務、同社副社長を歴任。1954年の三井物産大合同後は副社長等を経て、三井物産社長、三井物産会長。その間の１９６１年から１９６３年までは社団法人経済同友会代表幹事を務めた。１９７２年から１９８５年まで社団法人日本貿易会会長。貿易会会長としてジェトロと、貿易研究所（現・財団法人国際貿易投資研究所）の設立に尽力。

７．左遷の連続

人間関係で職場の環境は良くも悪くもなりますが、一方で本人の気持ちの持ち方次第でも、良くも悪くもなります。その好例を紹介します。

「どこかで誰かが見ている」
土川元夫（名古屋鉄道会長：１９０３～１９７４）掲載：１９７０年２月27日～３月25日

土川は「労務の土川」として知られ、犬山モンキーセンター、明治村など中京圏振興に大きく貢献した人物である。

１９０３年、東京生まれの彼は、１９２８年京都大学卒業後、旧名古屋鉄道に入り、将来を嘱望されていたが、合併後、愛知電鉄側から就任した社長に睨まれる。その上、不運は重なり、妻、そして父をも失う。

会社ではいろいろな努力をし実績もあげるが、理由をこじつけられて閑職の厚生部長に左遷させられた。この厚生部長は、青年たちの心身鍛錬も受け持つ所長でもあった。

鍛錬所は東濃地方の山深い温泉地にあったため、彼は毎月2週間、ここで暮らした。配所の月をながめるには格好の場所だし、青年の起居をともにする生活は、剣道選手時代の合宿生活の続きのように思えた。

暇はあるし、書物も読める。青年と歴史を語り、人情を語り、精神修養について語り合える場所でもあった。その後も左遷はあったが、このときの青年たちとの交流で、人情の機微や青年たちのものの見方や考え方を勉強することができたという。

昭和20年（1945）、運輸部長の職責のまま名鉄労組の初代執行委員長となる。後年、社長になった彼が提唱し、主導する「労使一体感」は経営の根幹につながったが、左遷の連続で苦しかった当時を振り返り、「左遷哲学」を次のように語っている。

こう左遷が連続すると私にはおのずから左遷哲学が生まれてきた。左遷栄進なんてものはいろいろな見方がある。いかに左遷されてもそれによって世間の同情が集まるような時は五分と五分でたいした左遷にならぬものである。左遷のたびに易々とこれに従い、会社

発展のために努力すると、これは意外な同情を得られるものであることがわかってきた

この左遷でも「会社発展のために努力すると、これは意外な同情を得られるものである」は大変な達観である。

私も地方に左遷され、その恨みから半年ほど仕事の手抜きをしたことがある。手を抜いた遅れを取り戻すのにずいぶん苦労をした。具体的には職場の人間関係がギクシャクし、仕事の精通度などがスムーズにいかない。手抜きは自分が一番よく知っている。ヤケを起こせば自分に必ず跳ね返ってくる。心ある人は、必ずどこかで見てくれている。それを信じて、自分のために実力をつける努力をしよう。

8. 不本意な出向

現在は本社の企業基盤を強化するため、他社との提携、合弁、合併などをグローバルに行い、多角化を積極的に推進しています。そのため人員配置も本社だけでなく、地方や他企業または外国との提携会社などと多様になっています。その配属に対してどのように対処すれば良いのでしょうか？　その回答が次の2例となります。

①「いつも前向きで」

安居祥策（帝人会長・日本政策金融公庫総裁：１９３５〜）掲載：２００９年10月1日〜10月31日

安居は、帝人の社長・会長、その後、２００７年に中小企業金融公庫総裁を務めた。国民生活金融公庫、農林漁業金融公庫と国際協力銀行の国際金融部門の統合の際、２００８年10月、日本政策金融公庫の発足と同時に同総裁となった異色の経営者である。

１９３５年、京都府生まれの彼は１９５７年に京都大学を卒業して、繊維メーカーの帝国人造絹糸（現・帝人）に入社する。工場勤務、大阪本社に次いで海外出向をするが、台湾で合弁事業、ビデオ事業・自動車販売など多角化事業の撤退を担当した。

その後、欧州拠点の撤退、４回目の出向で帝人商事へ。彼は転勤、出向の連続で、子会社への出向は通算20年、そのうち10年は海外だったという。最後のお勤めと思ったインドネシアが好きになり、定年までいたいと願っていた。

同期との出世競争からも遅れていた50代後半、第2の人生をそろそろ考えているとき、本社に呼び戻される。同期から6年も遅れて57歳のとき、取締役となったのだ。

社長になったのは5年後の62歳だった。その後、舌ガンで社長を退任し、70歳で会長を退き、これから自由な生活に入ろうとしていた矢先、当時の小泉首相から中小企業金融公庫の総裁を要請される。

安居は不本意な出向、事業の撤退業務、山あり谷ありのサラリーマン人生のすべてを、自分を偽らず、一生懸命生きてきた。その彼が日本政策金融公庫総裁となった当時、「心構え」の生活信条を次のように述べている。

思えば、私からやりたいと言って就いた仕事は無い。普通の人間だから、不本意な人事に、会社を辞めようかと迷ったこともある。

ただいかなる時にも腐らなかった。どちらかと言えば前を向き、少しだけだが未来を夢見て生きてきたように思う。自分なりに納得のいく結果を出せたら、それでよい。

少なくとも自分をごまかさずに生きてきたつもりである。本当はこうすべきだと思いながら、目先の利益や上司の意向などを気にかけて自分を偽れば、必ず悔いが残る。他人はごまかせても、自分はごまかせない

私はこのくだりを読んで、同情と同感で涙を禁じえなかった。

彼は同期の仲間と比べて取締役就任がずいぶん遅れたが、「いつも前向きで」の言葉を自分に言い聞かせて誠実に仕事し、その実力がまわりに認められて、花を咲かせた。

この「履歴書」に登場する多くの経営者が、会社の傍流を歩んでも腐らず、「他人はごまかせても、自分はごまかせない」信条から、与えられた職場単位で懸命に働き、自分の職務を果たしていくという堅固な生き方だったのだ。

その努力の蓄積が実力となり、周りの多くの人々から高く評価され、押し上げられるようになった。

②「どこでも勉強はできる」
佐藤安弘（キリンビール会長：1936〜）掲載：2005年9月1日〜9月30日

会社の傍流を歩いて社長になった佐藤は、ライバル企業にビール部門で追い上げられて苦戦する経営を、発泡酒、缶チューハイ、ウイスキーの投入などアルコール総合化戦略で市場シェアの長期低迷を食い止め、上昇気流に乗せたことで高く評価されている。

1936年、東京生まれ。1958年、早稲田大学を卒業し、キリンビールに入社する。その翌年、神戸支店営業課に配属となるが、実態は内勤で、キリンで花形といわれた営業とは違い、空き瓶回収の伝票処理などの地味な仕事だった。

赴任して半年後、彼は上司に支店全体の業務や人員配置の見直しを求めたが無視される。この上申を快く思わなかった支店長に「きみは中小企業のほうが向いているよ」と屈辱的に言われ、不本意な近畿コカ・コーラボトリングへの出向となる。

出向前の東京での研修の際、「ルートセールスの担当だ」と言われ、トラックに乗って朝から晩まで都内の小売店を走り回ったが、実際に現地に出向してみると、また、仕事の内容が違っていた。

仕事は内勤職で、上司である年配の部長と、社員は実質彼一人のようなものだった。しかし、与えられた仕事を一つひとつ誠意をもってこなすことで、実務のエキスパートになることができた。

この出向で、彼は次のような「悟り」を得ることができたと述べている。

定款こそできていたが、経理に関する規定は何もない。走りながら考えるしかなかった。開業に必要となる大阪府や大阪市、税務署への届け出も期限ギリギリに間に合わせた。固定資産の減価償却は「定率法」か「定額法」か。在庫評価は「後入れ先出し法」か「総平均法」か――。まだ社会人になって三年目だったが、次から次へと経理のルールを

決めなければならない。疑問点があると、原価計算や簿記の事典と首っ引きになって考えた。仕事に追われながら、人間、どこへ行っても勉強はできるなと思った

会社や社会の仕組みを、現場の原点から実務で経験している人は強い。経済が右肩上がりで成長しているときは、営業型のリーダーシップが望まれるが、不況期や激動期には、堅実で実務的なリーダーシップが望まれる。

頭では理解していても、地味な実務はなかなか素直に取り組めないのが人情だ。しかし、この下積みに耐えて努力した蓄積が人間を成長させ、いざというとき、次のステップの出番で期待に応えることのできる人材になれる。

不遇時代の対処法

1．失敗しても腐らない。必ず心ある誰かが見てくれている。

何事も粘り強く、諦めないでチャレンジしていれば、道は開けていきます。重要なのは、必ず訪れる敗者復活戦のときに対応できるか否かです。そのときのためにも、不遇のときの努力は必要なのです。

2. 会社の発展のために努力すると、まわりから意外な同情が集まる。

現在、社会から存在価値を認められている事業を発展させたいのは、労使とも共通の価値観です。真面目に職務に精励していれば、必ず共感する人が増えてきます。心ある上司ほど、評価してくれるはずです。社会的価値のある会社を発展させる努力をしましょう。

3. 仕事は明るく、前向きにスポーツ感覚で取り組もう。

いやいややる仕事は能率が上がりません。楽しく取り組めるような工夫をすることが求められます。自分流の〝仕事を楽しめる努力〟をしましょう。

4. 出向は試練と受け止めよう。

人生には無駄なものはありません。いろいろな経験が肥やしとなって、それぞれの人生を豊かにします。不遇時代は自身の成長のために必要な〝肥やしの時代〟と認識し、そこで体験するさまざまなことを次のステップアップの糧としましょう。

9. 過酷なシゴキ

大阪有名校のバスケットボール部の顧問が生徒に過度の体罰を加え、自殺に追いこんだとしてマスコミをにぎわしていました。被害者の両親にしてみれば「死に追いやるまで体罰を加えなくてよいではないか」と思うのは当然です。しかし、戦前やベビーブーマー時代に生まれた人たちは、体育系のクラブは体罰が当たり前と思っていました。野球部にしろバスケットボールにしろ、グラウンドを50周とか、コートをうさぎ跳びで50回などハードな訓練を課していました。途中でぶっ倒れるとバケツの水を被せたり、バットで尻を殴るとかの鉄拳制裁が日常茶飯事でした。これにより「なにくそという根性が養われ、困難を乗り越える精神力が付く」と信じていました。こういうことを知っている校長や指導者は、「多少の体罰は仕方がない」と思っていたようです。しかし、自殺者が出たとなると何年か前の相撲の内弟子と一緒で、マスコミが放っておきません。連日、校長、教育委員会、そして行政のトップにその落ち度を追及しています。

ところが昔の名選手は、この過酷なシゴキを乗り越えて大成しましたが、これも鍛え方の最良方法として存在していました。

①「鬼軍曹の存在があってこそ」
大鵬幸喜（第四八代横綱：1940〜2013）掲載：2000年8月1日〜8月31日

1940年、南樺太（現ロシア・サハリン州）生まれ。二所ノ関部屋に入門し21歳4カ月で第四八代横綱に昇進。柏戸とともに「柏鵬時代」を築く。1971年現役引退。一代年寄「大鵬」を襲名。2005年、相撲博物館長に就任。幕内優勝32回。

昭和15年（1940）に南樺太に生まれた。出生の直後に激化した太平洋戦争によってソ連軍が南樺太へ侵攻してきたのに伴い、母親と共に最後の引き揚げ船で北海道へ引き揚げた。北海道での生活は母子家庭だったことから大変貧しく、大鵬自身が家計を助けるために納豆を売り歩いていた話は有名である。

1956年9月場所にて初土俵を踏んだ。入門当初より柏戸と共に横綱確実の大器と評されていた。序の口時代から大幅な勝ち越しで順調に番付を上げていき、十両目前の9月場所では3勝5敗で負け越したものの、幕下時代の負け越しはこの1場所のみでそれ以外は全て6勝以上をあげている。東幕下筆頭となった1959年3月場所で6勝2敗と勝ち越して十両昇進を決めた。

双葉山（注11）、栃錦（注12）、若乃花（注13）、大鵬の大横綱4人の「私の履歴書」を再読して、次のことが分かった。

4人それぞれの初土俵から十両昇進への期間は、双葉山は2年8場所で、栃錦は2年8カ月、若乃花は2年4カ月、大鵬は2年9カ月。いずれも昇進が3年に満たない。

しかしその後、十両から横綱への昇進は、双葉山7年（1931〜1938）で25歳、栃錦10年（1944〜1954）で29歳、若乃花9年（1949〜1958）で29歳、大鵬は2年（1959〜1961）で21歳だから、大鵬の際立った強さと速さに驚かされる。

しかし、異例のスピードで横綱昇進を果たした大鵬は、この昇進を裏付ける稽古量を次のように書いている。

コーチ役の十両、滝見山さんには最後のぶつかり稽古で散々しごかれた。土俵にたたきつけられ、これでもかこれでもかと引きずり回され、（中略）へとへとに倒れ込むと、口の中に塩を一つかみガバッと入れられる。またぶつかって気が遠くなりかけると、バケツの水や砂を口の中にかまされる。（中略）
この特訓のうえに一日四股（しこ）五百回、鉄砲二千回のノルマがあった

昔は、鍛えたい力士には青竹でバシバシと体中を何度も殴りつけたとも聞く。青竹は重くて丈夫だから選んだのだろうが、力士の体も頑丈だ。しかし何度も殴られると青竹も砕かれ、竹の先が箒（ほうき）の如くになってしまうという。今こんな猛烈な稽古を兄弟子がつけると若者弟子はすぐに逃げ出し、両親やマスコミに「パワハラで被害甚大」と訴えることだろう。

昔、「巨人、大鵬、卵焼き」は子どもに人気のあるものの代名詞であり、大人でいうと、「大洋、柏戸、水割り」だった。彼は何かにつけて巨人の長嶋茂雄を引き合いに出されたが、そんなとき、彼はこう言った。「あの人のような天才でもなければスターでもない。私は南海の野村（克也）捕手のように下から苦労して叩き上げた努力型なんだよ。ああいう選手の方に親しみを感じるね」と。

「ひまわり」ではなく「月見草」が似合っていると書いているのを読み、私は驚いたのだった。

余談だが、現在、序の口以上の力士になった人のうちで、十両になれるのが50人に1人、前頭が100人に1人、大関は200人に1人、横綱は600人に1人ぐらいと言われている。相撲協会に在籍している力士は、約640名だから、横綱になれるのは1人です。それも毎年横綱に昇進するわけではないから、2年であれば1280人分の1になり、白鵬が10年も横綱を務めているのは、超人としか喩えようがない。本当に凄い大横綱です。

注

11双葉山（時津風定次）（日本相撲協会理事長：1912～1968）掲載：1960年1月23日～2月9日

1912年、大分県宇佐郡（現・宇佐市下庄）生まれ。第三五代横綱。5歳のときに吹き矢が自身の右目を直撃して負傷し、これが元で右目が半失明状態になった。立合いから「後の先を取る」を地で行き相手より一瞬遅れて立つように見えながら先手を取り、相撲に勝つ独特のスタイルだった。幕内成績は、31場所で276勝68敗1分33休（勝率．802）。69連勝（相撲の記録が残る1757年以降で最長記録）など、不滅の足跡を残しており、「大横綱」と称される。

12栃錦（春日野清隆）（日本相撲協会理事長：1925～1990）掲載：1982年12月4日～12月31日

1925年、東京府南葛飾郡（現・東京都江戸川区）生まれ。第四四代横綱。少年時代から運動神経は抜群で、並外れた体力だったが、小柄で新弟子検査では直前に白飯と水を腹一杯に詰めこみ、体重計の上に飛び乗って針を大きく揺らして通過したという。若乃花とは1951年5月場所の初対決から、いきなり激しい攻防の大熱戦を演じ、以来常に熱戦・好勝負を演じ続けてきた。１９５０年代のこの黄金期を世に「栃若時代」という。両者の対戦は、１９５１年5月場所～１９６０年3月場所の40場所間で34回実現（栃錦の１不戦勝を含む）し、千秋楽において両者優勝圏内の対戦が5回（相星決戦が2回）あった。また両者の相撲は水入りになることが多かった。

13初代若乃花（二子山勝治）（日本相撲協会理事長：１９２８年～２０１０年）掲載：１９８８年2月1日～2月29日

１９２８年、青森県弘前市生まれで、第四五代横綱。「土俵の鬼」と呼ばれた。戦後最軽量横綱である。横綱栃錦との熱戦・好勝負で１９５０年代に「栃若時代」の黄金期を演じた。引退後、二子山部屋を創設し、弟である大関・初代貴ノ花（のち藤島→二子山）、横綱・二代若乃花（のち間垣）、横綱・隆の里（のち鳴戸）、大関・若嶋津（のち松ヶ根→二所ノ関）らを育て、日本相撲協会の理事長も務めた。第六五代横綱・貴乃花（一代年寄・貴乃花親方）と第六六代横綱・三代若乃花（のち藤島、現・実業家・タレントの花田虎上）の二人は甥にあたる。

②「鬼のスパルタ教育」
長嶋茂雄（読売巨人軍名誉監督：1936〜）掲載：2007年7月1日〜7月31日

1936年、千葉県生まれで、立教大学を卒業後、読売巨人軍に入団する。闘志溢れるプレーと無類の勝負強さで巨人の4番打者として活躍し続け、多くの国民を熱狂させた。「ON砲」として並び称された王貞治とともに巨人のV9に大きく貢献した。最優秀選手5回（日本シリーズ4回）。引退後すぐに監督となる。1988年、野球殿堂入り。現在、読売巨人軍終身名誉監督である。

彼は1954年、立教大学に入学すると、野球部では鬼と呼ばれた砂押監督に目をかけられ、自宅に呼んでの練習など「特別扱いの猛練習」を重ね、正三塁手となる。監督は戦争経験があり、鬼のスパルタ教育者として六大学に勇名をはせていた。当時32歳の監督は自分にも厳しいが、手を抜くことを知らない。シートノックを捕り損なうと連帯責任で練習は一からやり直しだった。

夕暮れまで練習し、やっと合宿所へたどり着くと、飯を詰めこむ暇もなく「長嶋、いるか、これから夜間練習をやる」と特訓が待っていたという。

伝説となった月夜のノックは有名である。ボールに白い石灰をなすりつけただけで、暗闇の底から「いくぞ」の声で強いゴロが飛んでくるものだった。

「いいか、長嶋、ボールをグラブで捕ると思うな。心で捕れ、心でっ！」

そのうち「おまえはまだグラブに頼っているのか。そんなもの捨ててしまえ」と怒鳴る。エラーをするとすぐグラブを外せ、となる。（中略）**だが、素手で捕ると球際が強くなって変化に対応できるようになる。一番やさしいところでバウンドを処理するのがフィールディングの極意だ。真剣に球と勝負していくと、それが分かってくるから不思議だった**

彼はバッティングの練習も普通の倍も重いマスコットバットを1000回振るのがノルマだった。打撃練習で3時間、ぶっ通しでマスコットバットを振る。投手は入れ替わり立ち代わり7人いる。そこまでしないと土台ができないからだ。練習しすぎで翌朝、腰が曲がらずトイレではしゃがめない。どうしようもなく中腰のスタンダップ姿勢で用を足した経験も多くあったそうだ。彼には守備と打撃専用の4年と3年のコーチ2人がついた。監督とコーチの3人がかりで鍛えられる方は大変だったと彼は述懐している。

彼の陽気さや華麗な守備と帽子を飛ばす派手な三振など、ショーマンシップが人気を博した。「ホームランを打ってスキップしながら生還する姿」や「暴投である高めのボールをホームランし、頭のあたりにきたウエストボールの球を打ったときはジェスチャー入りで笑いながら生還している姿」などはユーモアがあって、みんなを楽しませたものである。

マスコミに「長嶋は野球の天才である。動物的カンの男だ」と書かれ、それがいわゆる長嶋像として定着している。しかし、彼は「天才肌でもなんでもない。夜中の1時、2時に苦闘してバットを振っている。自分との技への血みどろの格闘を一人で必死にやっていた」と反論している。

ところが、同じような血のにじむ努力は他の一流打者もみんな猛練習しているので、あまり説得力はない。しかし、次の描写が彼らしい。

絶好調の時は、怖いものなし。どんな球でもいらっしゃい。インコースだろうがアウトコースだろうが、この状態になると「来た球を打つ」だけ。私が「来た」と思えば、それは私のストライクゾーンとなる。悪球打ちというが、敬遠ボールやウエストボールをホームランしたり逆転打にしたのも、マイゾーンに入ってくるからだ。

そんな時、投げた球がソフトボールくらいに見え打てない気がしなかった

勝負時にはめっぽう強く、他人の悪口を言わない長嶋はやっぱり今でもみんなから好かれるヒーロー像だ。

③「毎日400球も」

稲尾和久（元西鉄ライオンズ監督：1937〜2007）掲載：2001年7月1日〜7月31日

1937年、大分県生まれ。1956年、西鉄ライオンズに入団。西鉄の大黒柱として3年連続の日本一に貢献。「神様、仏様、稲尾様」とあがめられた。1969年、現役引退。以後、西鉄ライオンズ監督、中日コーチ、ロッテオリオンズ監督を歴任する。1993年、野球殿堂入り。

稲尾はバッティング投手として採用された。手動式練習機（ピッチングマシーン）と陰口を叩かれながら主力の中西太、豊田泰光、高倉照幸などを相手に毎日300〜400球も投げた。これは下積み時代のシゴキとしか言いようがない。ストライクばかりでは人によっては

「疲れるではないか。3球に1球は外せ」と叱られる。ボール球も1球をストライクゾーンのコーナーギリギリを狙って投げる練習をし、制球力を磨いた。この過酷な練習から帰ると宿舎の2階までの階段が上がれないほどへとへとになっていたという。

しかしこの制球力が彼の最大の武器となり、のちの長嶋との対決でも効果を発揮する。それは読売巨人軍と対戦した日本シリーズで、第1戦を彼で落とし、第2戦も敗戦。平和台球場に移動しての第3戦、三原監督は彼を再び先発に立てるも敗れて3連敗と追いこまれた。降雨による順延で中一日をはさんだ第4戦、監督は彼を三度目の先発投手に起用してシリーズ初勝利したが、彼はそれまでの長嶋には打たれたこともないコースを打てるはずのない崩れたフォームで打たれていた。味わったことのない恐怖感を覚えていた。そのとき開き直ったことを次のように書いている。

> 相手が感性で来るなら、こちらももう理屈はやめだ。感性で勝負するしかない。0勝3敗で迎えた一九五八年の日本シリーズ第四戦（十月十六日）。長嶋封じに、いちかばちか奥の手を使うしかなかった。ノーサインで投げるのだ。
>
> 瞬間芸の勝負。こちらがモーションを起こすとさすがの長嶋さんにも微妙な気配が生じる。踏み込んできたら、テークバックで握りを変え、スライダーからシュートに、あるい

はコースを切り替える。引っ張りにかかる気配がしたら、その瞬間さっと外へ逃げるのだ。（中略）この感性勝負で長嶋さんに勝った。三飛

彼はこの霊感投球とコントロールの良さで自信を得た。第５戦でも彼は４回表からリリーフ登板すると、シリーズ史上初となるサヨナラ本塁打を自らのバットで放ち勝利投手となった。そして舞台を再び後楽園球場に移しての第６・７戦では２日連続での完投勝利で、西鉄が逆転日本一を成し遂げた。彼は７試合中６試合に登板し、第３戦以降は５連投。うち５試合に先発し４完投。優勝時の地元新聞には「神様、仏様、稲尾様」の見出しが躍ったのだった。若い日に強打者を相手に毎日３００〜４００球も投げた苦しい経験が役立ったのだった。

＊この「シゴキ」の項では、名選手の好例を３つ取り上げたが、現在では少子化で社会背景が違ってきている。体育系のクラブも指導方法を変えていかざるを得なくなっている。また、会社に入ってくる新入社員も「怒られるのが嫌」で「常に褒めて仕事を教えないとダメ」となっている。

今年（２０１７年）の箱根駅伝で３年連続の優勝をもたらした青山学院大学の原晋監督は

「強いチームのつくり方」という東洋経済のオンラインで、次のように語っている。

「選手個々に目標を設定させるだけでなく、ランダムで5、6人のグループをつくり、目標管理ミーティングを行っています。

ランダムにする理由のひとつは、学年、レギュラー、控え選手、故障中の選手、その区別なくグループをつくることで、お互いの目標を客観的に見直せるからです。それによって、より達成可能な目標を設定できるようになります。

もうひとつの理由は、チームに一体感が生まれるからです。主力選手だけ、故障中の選手だけのグループにすると、どうしてもチームが分断されます。それぞれの立場で、それぞれの思いを知ることで、はじめてチームとしてまとまります」

ここにはシゴキのイメージは全くない。選手に自主目標を設定させ、グループで目標管理ミーティングをさせている。あくまで自主的な自己管理だ。このような人材育成が行われる現状に時代の変化を感じ、目を見張る思いである。

10. ガラスの天井を破る

米国のヒラリー・クリントン女史が初めての女性大統領に再挑戦し、得票数では相手候補よりも上回ったものの、選挙では破れてしまいました。クリントン女史が敗北演説で「初の女性大統領になるガラスの天井が破れなかった」悔しさを、次代の女性に夢を託したことは記憶に新しい。日本でも女性の活躍時代を推進すべく、政界、官界、経済界に呼びかけ、政府の政策にも採り入れられています。日本の上場企業の女性トップは２０１５年12月現在、30社でした。しかし、この「履歴書」61年間で登場した上場企業の女性トップは、ただ一人でした。このガラスを破った人を紹介します。

「適材適所の人材配置」
篠原欣子(テンプスタッフ会長：１９３４～)掲載：２０１３年6月1日～6月30日

実業家、テンプスタッフ創業者。テンプホールディングス取締役会長。篠原学園専門学校理事長。アメリカの『フォーチュン』誌に12年連続で「世界最強の女性経営者」に選出された。

篠原は１９３４年、神奈川県生まれで、１９５３年に高木学園女子高等学校を卒業する。53年に三菱日本重工業に入社し、57年同社を退社。58年に東洋電業に再就職し、結婚するが、１年で離婚。家事手伝いを経て、66年にスイスとイギリスに2年間留学する。71年にオーストラリアの市場調査会社ピーエーエスエー社に社長秘書として入社する。このときの驚きは、女性の管理職が何人かいて、一般の女性社員も責任ある役割を与えられていたことと、男女とも自分の好きな服装でテキパキと仕事をしていることであった。そして、「女性がこうして働ける世界があったのか。日本ではなぜそうではないのか」と彼女は疑問を感じた。また、この豪州企業は、この会社の社員が休むとその仕事を埋める人材を派遣してもらっていた。この「テンポラリー・スタッフ（臨時社員）」のシステムに興味をもって帰国したのだった。

帰国後、１９７３年豪州で知った人材派遣業からヒントを得て、人材派遣会社のテンプスタッフを資金１００万円で設立し、代表取締役に就任する。当時は、東京オリンピック、大阪万博の後でもあり、目覚しい経済発展を続けている日本市場に、外国企業が猛烈な勢いで東京などにオフィスを構え始めていた。英語が分かり英文タイプが打てる日本人スタッフは限られていたので、企業は人材確保に苦労していた。彼女は、「即戦力が欲しい」という外資の需要と「技能を生かせる仕事がしたい」という日本人女性の潜在需要を結びつけた。彼女の仕事は外回りの営業と登録派遣スタッフの職場紹介が中心で、市場拡大に専心した。しかし、売上が上がるほど人材派遣は企業に請求書払い、派遣スタッフには現金払いのため、資金繰りに悩むことになった。この問題は国民金融公庫の融資を得ることで解決することができ、84年には名古屋と札幌に支社開設する。そして85年には銀座と新宿に支店を開設し、86年渋谷、東京駅前支店の開設など順調に事業を拡大していった。

当然管理職の育成が追いつかず、支店長は公募で採用することにした。支店も増え社員も100名ほどになったが、社員は登録スタッフの中から採用した女性ばかりだった。女性支店長たちは、受話器を置く暇もないくらい派遣依頼の対応に忙しかったので、顧客の要望に応じられるスタッフとの調整に追われ、目の前のことで手いっぱいだったという。彼女はここで次のように考えた。

支店長に対しては「任せる、褒める」の方針で、特段の指示も出さず自分で考えさせてきたけれど、社員が100人、売上高も100億円になるとそれではいけないに違いない。組織にもやり方にも限界がきているようだ

そこで彼女は決断する。異業種でバリバリ働いていた若手男性をスカウトすることにし、成功する。それがリクルートの営業を担当していた水田正道である。しかし彼は同僚5人と一緒に彼女に本格的に経営改善をするならと入社条件を突きつけてきた。彼女は水田を信頼していたのでこれを受け入れた。それが「経営計画の策定、計数管理、成果主義の3点を経営に採り入れる」ことであった。これを採用することで支店長を含めた大幅な人事異動、組織整備、社内改革を行い、異業種経験をした適材適所の人材に業務を任せた。この「適材適所の人材に業務を任せる」という決断は一大決意が必要だが、これを行うことにより彼女が全体のマネジメントを行うことができ、難しいガラスの天井を破ることができたのだった。

11. 不況の活用

どの企業も好況と不況の波をかぶります。好況時には「得手に帆をあげて」進めば良いが、それがいつまでも続くわけがありません。平素から市場の動向を読み、不況時に対する策を準備しておかなければいけません。しかし、そのタイミングを考え、決断するのは難しい。その好例を紹介します。

「業務の全面見直しを」
本田宗一郎（本田技研工業社長：1906〜1991）掲載：1962年8月21日〜9月14日

本田は経営を副社長の藤沢武夫に任せ、自分は開発に没頭し、共にホンダを世界的な大企業に育て上げて、日本人として初めてアメリカの自動車殿堂入りを認められた人物である。１９０６年、静岡県に生まれた彼は、１９２８年、自動車修理業で独立する。１９３７年、東海精機を設立するが失敗し、浜松高等工業学校で機械について基礎から勉強し直した。戦後、彼は自転車用エンジンで成功し、１９４６年本田技研を設立、社長となる。そして、オートバイの生産を開始し、「ドリーム号」「スーパーカブ号」のヒット商品を開発する。これが順調に発展したため、自動車生産に進出した。

岩戸景気とオリンピック景気の狭間の昭和37年（１９６２）には、景気がだいぶ悪化して日本の代表的な大企業までが生産調整に四苦八苦していた。しかし、彼はその1年以上も前の昭和36年3月には生産調整を断行していた。

そのとき世間からは何かと非難されたが、彼はちゃんとした見通しをもって行っていた。アメリカのドル防衛でアメリカ経済が変調を来し、日本にも影響しそうな気配があり、それに昭和35年（１９６０）から36年（１９６１）正月にかけての大雪で、日本の3分の2が大規模な交通マヒを起こしたため、販売不振となっていたからである。

生産調整は、2月はまだ寒く、代理店に先行き不安を抱かせないように強気で押し通し、暖かい季節に向かい景気もよくなりそうな3月に実施した。あくまで代理店の気持ちを考えたうえでの決定であった。生産調整は5日間とし、実施までの約1カ月間にどんなことを行うか、綿密な計画を立てた。

本田技研は急成長したため、生産機械や部品にアンバランスが目立ち、下請け業者の能力差による精度の違い、値段の高低などが生じていた。

社員全員でそうした矛盾を洗い出し、不具合を是正した。このため、生産調整で操業をストップしても、社員は機械の配置換えや手入れなどで、休業どころではなかったという。

その結果、生産を再開したときには、以前より質のすぐれた製品が、しかも低コストでできるようになっていた。他の企業は一般に好景気で、生産増大の傾向が強かったため、ホンダが操業停止をしても下請け業者からはクレームがまったくこなかった。

生産調整に関する本田の次の言葉は、その判断力と先見力、決断力がすぐれていたことをあらわしている。


このときの調整ですっかり体制を整えたため、いま世の中が不況だといって騒いでいる

さなかに、私のところは反対に増産に転じていられるのである。昔から言われているように、ヤリの名人は突くより引くときのスピードが大切である。でないと次の敵に対する万全の構えができない。景気調整でもメンツにこだわるから機敏な措置がとりにくいのだ。どんづまりになってやむをえず方向転換するのではおそすぎる

本田の例は、過剰生産に対応する事例だが、後のリーマン・ショックでは、全世界で市場全体の需要が急減し、大不況となった。

トヨタをはじめ、他の製造業者も在庫圧縮に大苦戦したが、スズキの鈴木修会長だけは前年からの景気後退を見逃さず、早めに生産調整を行っていた。

各社の首脳陣も、前年から販売が思わしくなく、データ上では分かっていたという。しかし、それを決断するタイミングと実行力に差が出たとしか思えない。彼は「メンツにこだわるから機敏な措置がとりにくいのだ」と断言している。トップの先見性、判断力、決断力が被害を最小限で食い止め、会社の危機を救うことになるのである。

12. 転職

昔の人は創業者であれ、芸術家、芸能人であれ、よく転職を重ねています。それだけ夢があり、バイタリティがあったとも言えます。自分の夢を実現するためのまわり道だったとも言えます。それを2例紹介します。

①「目的意識をもって転職」 川口松太郎（作家：1899〜1985）掲載：1971年3月1日〜3月26日

小説家、劇作家、脚本家。数多くの時代小説の他、恋愛・人情小説などを多く書いた。『新吾十番勝負』『愛染かつら』などが代表作。『風流深川唄』『鶴八鶴次郎』『明治一代女』などで大衆文学の大御所の一人といわれる。

川口は1899年、実親を知らない子として東京・浅草の貧乏職人の家庭で育てられ、小学校卒業後、洋服屋や質屋の小僧、古本露天商、警察署給仕の後、電信士の資格を取り電信局に勤務することになる。しかし、職場は空気の流通が悪いので一日中発信機を叩いていると呼吸器がやられるため、結核患者が多くいた。彼は文筆家になりたい希望を早くからもっていたので、文章を絶えず書いていたし、詩や歌も作って同人雑誌にも出していた。そこで文学に近い環境に職を求めないとダメだと気づき、知人を頼って娯楽雑誌への雑文投稿や宣伝雑誌の編集、無名新聞の編集など、どれも半年とは続かない職業を転々とした。その間にもいつ発表できるか分からない小説や戯曲を勉強のつもりで書いていた。書き出すと勤めがいやになってやめてしまい、暮らしの立っている間は書き続け、金がなくなると職を探して歩く奔放な生活だった。

こんな自分本位の自堕落な生活を送っているので、友人には迷惑をかけ、借金をこしらえて払えなくなり、知人には愛想をつかされ、手に負えぬ不良児になったが、文学書は手放さず、芝居は見続けた。彼の楽しみは芝居と講釈と落語だけだった。芝居は歌舞伎と新派だったが毎晩の如く安い木戸銭の座席で見ていた。これらの芝居などを見ている間にも職業は転々と変わったが、『東京大勢新聞』に勤めたときには、有名な劇評家から歌舞伎の知識を教えてもらっていた。芝居と落語に熱中したその次は義太夫に夢中になり、通ったという。理由は、芝居は役を受け持つ弁慶や義経の役者がそれぞれの人物に扮するが、義太夫は、太夫と三味線の二人だけで全部の役をやり分ける。どの一人にも成りきってうまく語るのだから、ほとほとと感心してしまうからだった。仕事よりも芸能好きだから貧乏暮らしは続いていたが、このときの芝居狂い時代がなかったら、脚本家の下地を作れなかったと述懐している。

その後、講釈師の許に住みこみ口述筆記を手伝い、時代小説を書くための知識を習得した。そして久保田万太郎(注14)に師事して文学仲間の交友を広めてもらった。小山内薫のもとでは戯曲を勉強し、関東大震災の後、大阪で雑誌編集に携わった経験を経て作家の道に入っていった。

彼が生まれ育った浅草の特徴は、あらゆる芸能に熱中する気風のあったことで、芝居でも寄席でも、浄瑠璃でも清元や常盤津、長唄まで聞きに行ったり、師匠について習ったりした経験が、のちのちどれほど彼の戯作者として各種芸能に役に立ったかわからないと述べている。そして若い演劇志望者に次のように助言している。

「芝居や寄席へばかり通っていて不真面目な男だ」
と非難されたのがその実大きな勉強になっていたのだ。
私は今の若い演劇志望者に

「十冊の本を読むより一つの芝居を見ろ」

とすすめている。芝居を見ないで演劇を学ぼうとするほど愚かな努力はない。舞台の実際が先で、理論はあとからついて来るものでなければならない

彼は右記のように枚挙にいとまがないほどの職歴を重ねたが、早くから文筆家になりたい希望をもっていたので、その環境に適している浅草にある職業を次々と選び転職した。目的意識をもって転職し、いろいろなジャンルの芸能の戯曲や脚本、小説を書く大作家になることができたのだった。

注

14 久保田万太郎（作家：１８８９～１９６３）　掲載：１９５７年1月12日～1月26日

１８８９年、東京浅草生まれ。大正から昭和にかけて活躍した俳人、小説家、劇作家。１９１４年に慶應義塾大学文学科を卒業し、１９１５年小山内薫を盟主とする古劇研究会に参加。１９３７年、岸田国士らと劇団文学座を結成。以後新派、新劇、文学座の演出を数多く手掛ける。戦後、日本演劇協会会長。俳誌「春燈」を主宰し、文人俳句の代表作家として知られる。文化勲章受章者。

②「放浪生活とはきっぱり縁を切る」
井上貞治郎（レンゴー社長：1881〜1963）掲載：1959年6月28日〜7月17日

実業家。「段ボール」の実用新案を取得。大量生産と強固な段ボール箱の開発に成功し、聯合紙器（現・レンゴー）を設立した。パッキングケースを育て上げ「日本の段ボールの父」と評される。

1881年、兵庫県生まれ。2歳のときに、兵役を逃れるため遠縁にあたる井上家の死籍相続人（法定相続人以外で、遺言により遺産を受け継ぐ人のこと）になる。高等小学校を卒業後、1895年から神戸の商家での丁稚（でっち）を皮切りにその後、用紙店の住みこみ、回漕店、活版屋の小僧、中国料理店の出前持ち、パン屋、銭湯の三助等、職を転々とする。1905年、25歳になった彼は一人満州に旅立つ。青雲の志で満州に来たが、彼が求めていた職はない。雑貨屋の番頭、炎天下の土木工事の監督、弁当売り、炭売り、うどん屋、牛肉の行商、あげくの果ては金鉱を見つけに満州奥地にまで放浪するありさまだった。借金返済に行き詰まり、ついには自分の身柄を売りつけ西豪州の真珠採り人夫になろうとする。しかしこれは10人のうち半分は死ぬ「超重労働」であると聞く。人買い主に嘆願し、助けてもらってかろうじて、日本に帰る。

このとき彼は初めて自分を取り戻したようにわが身を振り返り、将来を考えた。朝鮮、満州、中国にわたる流浪の生活は無謀というより、むちゃくちゃであった。それにこの異郷の生活によって得たものは、ただ年をとっただけだった。海外に雄飛して故郷に錦を飾るのを夢見たが、いまやその夢は粉々に砕け、心身ともに疲れ、元の裸一貫の生活に帰るのだ。このとき29歳。彼はここからやり直しだと固い決心をしたのだった。そして次のように書いている。

まじめに働こう。これまでのような放浪生活とはきっぱり縁を切って地道に暮そう。いまから思えば大陸生活で私が得た、たった一つのものはこの決心だったかもしれない。そして私は「金なくして人生なし」という私なりの哲学を持つようになった

１９０９年、このとき彼は再出発を「紙にするか、メリケン粉にするか」の決断に迷い、ついに巫女（みこ）のお告げによって「紙」を選ぶ。昔、東京・馬喰町のレート化粧品で使っていたドイツ製品はボール紙にシワを寄せていた包装を思い出し、これを国産化しようと思い立つ。これが段ボール紙製造の始まりとなるが、やってみると「紙のシワ」が不揃いで出てくる紙が扇形になる。これを均衡にするための試行錯誤を繰り返す。また、紙の質も段（シワ）をつけても風に当たると伸びてしまう苦労を何度も経験する。しかし、大陸での放浪で野宿や人にモノを乞うた惨めさや死ぬほどの苦しさを考えると苦労とは言えない。20以上も経験したいろいろな転職で培った知恵と才覚が生きてきた。あとは彼の不屈の闘志で努力に努力を重ね国産化の成功に導いたのであった。

13. 懲戒解雇

自分の勤めている会社から懲戒解雇を宣告されることは、滅多にないはず。しかしもし、これがあった場合、大企業を相手なら、その被害者は萎縮して十分な反論もできず、終わってしまいます。それを不屈の闘志で跳ね返した2例を紹介します。

①「理不尽には徹底抗戦」

中邨秀雄（吉本興業会長：1932〜2015）掲載：2002年6月1日〜6月30日

東京進出の旗振り役となり、関西ローカルだった吉本興業を全国区に押し上げた人物である。

1932年、大阪府生まれ。関西学院大学卒。吉本興業に入社し、人気番組『ヤングおー！

お－！』（制作・毎日放送：1969～1982年まで放映）などをプロデュース。1991年に社長就任。

中邨は花菱アチャコのマネジャーを担当し、どんなお客でも満足させる芸人（アチャコ）のプライドを目のあたりにして芸人の心意気を学んだ。その後、演芸部門の再興に取り組み、うめだ花月（大阪市）などの劇場開設に携わり、吉本新喜劇をスタートさせた。

しかし人生は順風満帆ばかりではない。トップとの人間関係で思わぬ事態に発展する。上司の八田竹男と組んで演芸の復活に成果をあげてきていたが、昭和38年（1963）、後ろ盾となっていた林正之助社長が体調不良で退任する。代わって東京にいた弟の林弘高が社長に就任した。新社長とともに東京から新しいメンバーが大挙して乗りこんできて、彼らは翌年4月に西日本最大のボウリング場をオープンさせた。東京組の新規事業派と大阪組の演芸派とに派閥ができ、彼は新社長と対立してしまう。

そして昭和43年（1968）6月に突然、彼は「労働基準法20条に基づいて貴下を即時に懲戒解雇する」の内容証明付文書が送りつけられた。しかし、解雇理由は書かれていない。理由を示せと何度も迫ると「軽自動車を買い、私用に流用している」と回答してきた。これは全くの濡れ衣なので弁護士と一緒に徹底抗戦する。そうすると3カ月後の9月にもっと驚いた文書が送達された。

その後の調査の結果、懲戒解雇の理由がないことがわかったので処分を取り消し、五月二十七日付をもって任意依願退社願いを承認する

とあった。彼が自ら退社願いを出したことにして落着させるというこの一方的な態度に激怒して、逆に彼から会社に対し、刑事告訴に踏み切った。

晩秋のある日、退任した前社長林正之助が彼の自宅に訪ねてきた。「僕も近く復帰するので、中邨君も戻ってくれんか」と誇り高い前社長が頭を下げてくれた。その後、彼の人柄や実力を知る弁護士や仲間たちが協力してくれたので、「理不尽には徹底抗戦」の裁判に勝ち、名誉の回復もできた。そこで彼は復社することに決めたという。

その後は1969年に始まった若者向け人気番組『ヤングおー!おー!』を企画するなど、テレビ局と組んでタレントを売り出す手法を確立した。東京は、人気が出ると思うと先物買いでギャラを高くするが、大阪は芸人の格でギャラを決める。この垣根を壊したのが中邨である。その突破口は明石家さんまだった。中邨は桂三枝(現・六代桂文枝)や笑福亭仁鶴、やすし・きよし、月亭可朝らを人気者へと押し上げ関西お笑い黄金時代を築いた。

②「名誉の挽回は急いではいかん」
春名和雄（丸紅会長：１９１９～２００２）掲載：１９９０年12月1日～12月31日

１９１９年、神奈川県生まれ。１９４０年、中国・上海にある官学校の東亜同文書院を卒業し、同年大同貿易（丸紅の前身）に入社。主に食糧畑を歩いたが、経済界きっての中国通で知られ、中国との様々な商談を手掛け、丸紅の対中ビジネスの礎を築いた。また、アジアを中心とする海外と日本との橋渡し役として、数多くの国際会議やミッションに参加し、交流に貢献した人物である。

彼は東亜同文書院の学生時代から、中国各地を旅行し中国人の生活や文化に親しんでいたので卒業後も、東南アジア、特にフィリピンに強い営業基盤をもっていた大同貿易に就職する。最初の任地はマニラ支店で仕事は通信係りであったが、仕事の合間をみては華僑の実態について勉強をしたのが、後に大いに役立つことになった。フィリピンは当時、米国の支配下にあり、マニラ麻、コプラ、砂糖、鉱山物などを主要産物として世界中に輸出していたが、このときのマニラ支店は年間で大同貿易の資本金（４００万円）にほぼ匹敵する利益をあげていた。彼も一員として大活躍していたが、昭和16年（１９４１）12月8日太平洋戦争が始まり、陸軍報道部員として徴用された。そしてフィリピンの地域や内情をよく知っている人間としてマニラ司令部に派遣された。彼は華僑対策に従事し華僑から軍に対して協力をもらうことができたが、この期間にフィリピン華僑論をまとめあげていた。

戦後、食糧・油脂関係の仕事に就く。国内の菜種、魚油の買い付けに全国を歩く。食糧難でもあったので買い付ければ売れる時代でもあった。そして昭和25年（1950）6月25日に朝鮮戦争が勃発すると、国際商品は一挙に値上がりしたが、翌年に入って停戦の兆しが出たとたんに反転し、ガターンと半値に下がってしまった。四苦八苦の努力をしたにもかかわらず、結局、彼の担当部は2億5000万円の損失を出してしまった。この損失は当時の丸紅本社の資本金が3億円だったので、上司から始末書を出せといわれ、彼は大阪本店の油脂課長でもあったので、「損失を招いたおわび」としてこれを提出した。

ところが後日、副社長から「本日の役員会で君の懲戒解雇処分を決定した。ただし情状を酌量して即日、嘱託に採用する」と宣告された。彼は驚愕し「会社に迷惑をかけたことには十分責任を感じるが、法規、社規に違反したわけでもなく、まして不正は何一つない。相当の覚悟はするが、サラリーマンにとって極刑の懲戒解雇は納得できない」と食い下がった。彼は会社に対して持論を展開して粘りに粘ったところ、６カ月後に一応処分は取り消された。処分は撤回されたとはいえ、昇給は同期から大幅に遅れ、ボーナスももらえなかった。身の不遇を嘆き、会社の片隅でしょんぼりしているとき、自宅の近所に住む人で仏教の熱心な信者が、次のような助言をくれた。

あわてちゃいかん。名誉を挽回しようと急いではいかん。こういう時はじっとしていることだ。そうすれば必ず運は後からついてくる。じっとしていれば運が君の背中に乗る。乗ったら走れ

この助言どおりに焦らずに時期を待つのは辛かったが、その「運に乗る」捲土重来の時期が来た。翌昭和29年（１９５４）に日本の食糧事情の悪さを考慮した中国から「配慮物資」として、中国産大豆10万トンの輸入契約に成功した。これが食品業界から大変喜ばれ、期待以上の利益をあげることができ、以後彼の大活躍が始まったのであった。「名誉の挽回は急いではいかん」の教訓が生きたのだった。

14．一人二役で超多忙

若いとき、自分に期待をかけられたり、将来を嘱望された場合、それを意気に感じてその期待に応えたいと張り切るものです。その張り切りは他人から見ると超人的な働きに見えます。その好例を紹介します。

「自分の才能を信じてくれた人のために」
阿久悠（作詞家、作家：１９３７～２００７）掲載：２００３年５月１日～５月31日

放送作家、詩人、作詞家、小説家。作詞家として数々のヒット曲を送り出す。生涯、作詞した曲は５０００曲以上。ジャンルは歌謡曲、演歌、アイドル歌謡曲、フォークソング、コミックソング、アニメソング、ＣＭソングと幅広い。日本テレビのオーディション番組『スター誕生！』に番組企画・審査員としてもかかわった。

阿久は１９３７年、兵庫県に生まれ、幼少期は兵庫県警巡査であった父親の仕事の都合で、淡路島で過ごす。１９５９年に明治大学を卒業し、広告代理店・宣弘社に入社する。彼は企画

課に配属され、ラジオやテレビの番組の企画書、プレゼンテーション用のCMソングの他、コピーも絵コンテも担当していた。1週間に1本というスピードで、ありとあらゆる番組の企画書をノルマのように書いていた。1964年に結婚すると生活に対する責任と将来に対する職業を本気を考えるようになった。そのときに「ラジオの台本を書いてみませんか」との誘いを受け、応諾した。当然、仕事は掛け持ちになる。そこで最初は放送作家のタマゴとしてコント作りに励むが、このとき阿久悠のペンネームが誕生した。広告代理店・宣弘社の社員だったので、本名を名乗るわけにいかなかったのである。

広告代理店の社員である深田公之と放送作家阿久悠の過酷な二重生活のスケジュールは次のとおり。

1. 横浜郊外の自宅を早朝に出て通勤電車内で、新聞記事からコントになりそうなネタを考え出す。
2. 有楽町で降りて、テレビホールに行き、コントの背景とその衣装と持ち道具の準備を阿久悠として頼む。
3. 大急ぎで宣弘社に出社し、タイムレコーダーを押す。そこで社員として打合せを行う。
4. 会社を抜け出し午前11時までに有楽町のテレビホールに行き、12時30分まで自分の風刺コントの出来の善し悪しを点検する。

5．終了後、宣弘社に戻り、夕方まで完璧な企画課の社員であろうと企画書を書き続ける。

6．退社後は、阿久悠となり、テレビ収録に立ち会ったり、仲間たちに付き合ったりして深夜帰宅となる。

7．そこからまた、コントなりトークの台本なりをほぼ明け方近くまで書く。

このような生活を1日24時間休みなく2年間続けたのだった。

妻の雄子は何も言わなかったが、およそ人間離れのした生活に危機感を覚えていたに違いない。ぼくはぼくで、ぼくの才能を本気で信じた最初の人間である妻を裏切らないためには、大物になるしかないという思いが強く、そのための準備として小物の仕事をしつづけたのである。睡眠時間三時間平均であった

このときの心境をこのように書いているが、このときのがんばりと蓄積があったので、幅広いジャンルの仕事を成し遂げたのだった。人間は「自分の才能を信じてくれる人」がいれば、その期待に応えようと驚異的な働きができるものだと感じる。

第2章

病やハンディキャップとの闘い

人間は弱いものです。不遇の原因を他人や環境のせいにしがちですが、自分自身が原因となると自分で解決法を見つけ、克服するしかありません。その問題解決の対処をここで取り上げました。

1．落第

人生の最初の挫折は落第だと言われています。特に志望校が人気の高い学校であれば、小学校や中学校受験からでも、失敗すると挫折感を味わうことになります。大学の場合、一浪はヒトナミ（人並み）と読むと先輩から言われ、私は安心感をもった経験があります。しかし、希望校に入れなかった挫折感を発奮材料にして、大成した人も大勢います。これを紹介します。

「落第続きで発奮独学」

蜷川幸雄（演出家：1935〜2016）掲載：2012月4月1日〜4月30日

映画監督、俳優、世界的な演出家で「世界のニナガワ」とも呼ばれる。

1935年、埼玉県生まれ、高校で落第、画家を志して東京藝術大学を受験するが失敗し、画家になるのを諦める。「劇団青俳」に参加し、俳優として活躍していたが「自分は演出に向いている」と悟り劇団を結成し演出家に転向した。50歳の頃まで俳優としても出演していたが、親しい女優の太地喜和子から「テレビの水戸黄門に出ていたのを見たわよ。お願いだから、俳優をやめてちょうだい」と言われ、俳優をやめ演出家専業となる。鮮烈なビジュアルイメージで観客を劇世界に惹きこむことを得意とした、現代日本を代表する演出家である。

アングラ・小劇場運動盛んな時期に演出家としてデビューし、次いで商業演劇の演出家に転向した。それ以後、若者層を中心に人気を集めた。

彼の演出作品は、現代劇からギリシャ悲劇やシェイクスピア、チェーホフなど海外の古典・近代劇に至るまで、多岐にわたる。平幹二朗主演の『王女メディア』は辻村ジュサブローに衣装を頼み、きらびやかだが、異様なかぶり物を使うなど舞台装置の巧さを合わせた斬新さは、海外でも評価が高く、その演出は「世界のニナガワ」とも呼ばれた。

また、彼は短気な気質で、苛烈な演技指導の厳しさでも知られ、「口よりも手よりも先に、物（特に、靴）が飛んでくる」と言われるほど、一般的にはスパルタ演出家のイメージが強い。一方で人情的で心優しく、「周りにだけでなく、同様に自分に対しても厳しい」姿勢で仕事をするため、数多くの俳優やスタッフから慕われていた。（彼の葬儀の参列者も異口同音に教

育的で慈愛のある指導だったと述べ、哀悼していた）

彼は演出家としての心構えの原点を次のように語っている。

ぼくの演出する舞台は開幕からの3分を大切にする。懸命に働いた人たちが夢を見ようと足を運ぶところが劇場だ。幕が開いたとたん眠気に襲われる芝居であってはならない。そう戒めている

彼は高校落第、行きたい大学受験の失敗など挫折と孤立をかみしめ、独学で映画を研究し読書に耽り、監督やディレクターと接する現場から演出を勉強した。なかなか世に受け入れられない怒りを力に変え、前例のないアイデアを生み出した。歌舞伎など日本文化の伝統からヒントを得た桜吹雪、大階段、緋毛氈（ひもうせん）の絨毯（じゅうたん）、石の雨、赤い月などであり、イギリスやフランス、イタリアなどの広場や史跡、絵画にも多くのヒントを得て『マクベス』など西洋ものを演出した。この屈折した時代のエネルギーが新しい演出技術の模索に繋がり、新分野を開拓することができたのだろう。

２．覚醒剤

現在も芸能人やアスリートで、危険ドラッグ（麻薬、覚醒剤、大麻）により逮捕される人はあとを絶ちません。逮捕された有名人は反省し更生を誓っているが、後に再逮捕されるのをみると薬物依存症から脱却するのは難しいのでしょう。更生者の告白では、極度の依存性になると肉体も精神もズタズタになりコントロールが効かなくなり、家庭や職場にまでこの言動が悪影響を及ぼすといいます。これを未然に防いだ登場者を紹介します。

「二度としたくない」
ミヤコ蝶々（女優：１９２０～２０００）掲載：１９９８年2月1日～2月28日

長らく上方漫才・喜劇界をリードした関西を代表するコメディアンであり女優。民間ラジオ放送草創期の人気番組『漫才学校』『夫婦善哉』の司会などで知名度を高めた。

１９２０年、東京都中央区日本橋小伝馬町に生まれた。父は芸事が好きで新内節を唄い、寄席芸人を招いては宴を楽しむ趣味人だった。１９２７年家具屋をたたみ、父親の思いつきで芝居一座を結成し、娘の彼女が座長になった。

彼女は苦しくて辛い想いを正直にこの「履歴書」で告白している。早くから舞台生活を送ったため、十分な教育を受けられなかった。早熟で駆け落ちを16歳でして失敗、落語家から漫才に転向し人気を博していた三遊亭柳枝師匠と結婚するも師匠の女癖の悪さから協議離婚。こんなときは仕事もうまくいかない。疲労困憊していた昭和22、23年頃は、覚醒剤を疲労回復薬としてどこの薬局でも売っていたので、芸能人や受験生も気軽に注射をしていた。そこで彼女が気軽に始めるとあっという間に深入りし1日40本もうち、そのせいで眠れないと睡眠薬にも手を出してしまった。こんな状態ではどの劇場も使ってくれず、仕事もまったく無くなり、どん底生活が始まった。その間に症状が次第に悪くなり、ちょっとした音にもびっくりし、電車の中でも道路でも、泡を吹いてひっくり返るようになった。時には舌を噛んで血の泡を吹く状態となっていたという。そこで父親や周りも彼女が極度の覚醒剤依存症になると放っておけなくなり精神病院に入院させたのだった。

その夜から禁断症状が襲ってきた。薬が欲しくてたまらない。眠れないし、胸苦しくて吐き気もする。入院したての患者は禁断症状で暴れるらしいが、私は必死になって我慢し

た。芸人としての誇りからだった。（中略）

いっそ死んでやろうと、病院の中をさまよった。鉄格子にひもをかけようと思ったが、高いところにあって届かない。低いところはちゃんと看護婦さんが見ている。ひもがかかるような角はすべて丸く削ってある。トイレも下半身は隠れるが、上半身は見えるので自殺など出来ない。よく行き届いていると、妙なところで感心した。

結局、死ぬのはあきらめて、食べては寝、寝ては食べる毎日に戻った。この規則正しい生活のため、やせ細って三十キロほどしかなかった私の体も、自分でもわかるほど太ってきた

彼女は比較的軽症だったので入院して20日程度で退院できたが、病院で重症の人の禁断症状やうつろになった顔を見て、つくづく薬物依存の恐ろしさを思い知った。「必死になって我慢した。芸人としての誇り」から二度としたくない、人にもさせたくない気持ちから、このように自己の暗い人生を正直に告白してくれたのだろう。ここを起点にして彼女は立ち上がったのでした。

このとき彼女の付き人になっていたのが鈴木（南都雄二）で、実質二人が夫婦になっていたため、漫才コンビを組むことになった。その後も曲折はあるが、ラジオやテレビの人気番組

『漫才学校』『夫婦善哉』の司会などで人気を博し、映画や舞台で幅広い演技と芸風で多くのファンを魅了した。薬物依存の恐ろしさを家庭や職場の周りの親しい人が本人に忠告し、早めに医療機関や保健所など相談機関を利用して欲しいものです。

3. 虚弱体質

この「履歴書」の登場人物は人生の成功者といえますが、幼少の頃は多くの人が虚弱体質だったと書いています。明治・大正・昭和の初めは社会全体がインフラ整備も不十分だったため、衛生状態も良くなかったので、肺結核、胃潰瘍、腸チフス、マラリア、コレラ、ジフテリアなどの経験者が多くおられました。

①「克己心」

石川六郎（鹿島建設会長：1925～2005）**掲載：2002年7月1日～7月31日**

石川は初代経団連会長・石川一郎の六男として、1925年、東京で生まれる。1948年に東京大学を卒業後、運輸省（現・国土交通省）に入省するが、1955年国鉄を退社。鹿島守之助（注１）の二女の婿となり、取締役として鹿島に入社する。社長、会長として原子力発電所、超高層ビル、名神高速道路など大型受注を推進した。また、日本商工会議所の会頭としてもリーダーシップを発揮した人物である。

彼はスポーツ好きで、小学校の運動会ではいつも代表選手になっていた。しかし、小学校６年生のとき、結核の前段階である肺門リンパ腺炎にかかり、いっさいの運動が禁止された。中学校に入ると胸の病気は悪化し、欠席気味だった。中学校１年生の３学期から２年生の２学期半ばまで休学しなければならないほどの重症であった。

彼にとって、問題は病気そのものより、学校に復帰したあとだった。数学の授業に出てもさっぱり分からないし、休んでいるあいだに代数はどんどん進み、ついていけなくなっていた。その結果、２学期の通信簿は数学だけ落第点になっていた。

そのとき、石川はつくづく思った。「結局、誰も苦境に陥った自分を助けてくれない。母親やまわりのみんなが看病してくれるし、医者も診療してくれる。しかし、それは支援であって、自分自身が病気を治すという強い意志をもち、なすべき努力をしなければ回復しない」と。

そこで健康時でも、体を強くしていないといつ病魔に襲われるか分からないと気づき、次のように決心する。

体を鍛えよう。家で体操を始めた。簡単な内容から徐々にきつくし、腕立て伏せや縄跳びをするようになる。夜、はだしでテニスコートを走った。寒くても欠かさなかった。体が良くなるにつれ、勉強にも身が入る。中学校三年生で皆に追い付き、四年生になるころには、数学をはじめ成績はトップクラスに戻っていた。

今でも私は毎朝、体操をする。病気だとか早朝に急用があるとかいうことがなければ、寝床から始めて一時間はする。竹踏みも千回だ。

中学での大病と数学の成績悪化を経験し、私は生涯を通じて自己を律する指針を得たように思う。「克己心」が人間にとっていかに大事なことかを身をもって知った。今でも座右の銘にしている

彼は中学生のとき、「健康は自分で守るもの」と気づき、誰にも相談せずに「なすべき努力をしなければ回復しない」と自分の体を鍛え始めたという。この気づきが再出発点だ。すぐれた人は意志が強く、自分で決めたことは徹底して継続する。その一つが晩年でも毎日行った千回の竹踏みだ。この数字は半端ではない。「自分の健康は自分で守る」という気迫が感じられる数字である。

注

１鹿島守之助（鹿島建設会長：１８９６〜１９７５）掲載：１９６４年８月29日〜９月23日
外交官、実業家、政治家、外交史研究家。法学博士。鹿島建設会長。鹿島建設「中興の祖」。１８９６年、兵庫県生まれ。１９２０年、東京帝国大学法学部を卒業後、外務省に入省する。１９２２年、外交官としてヨーロッパに赴く船上にて鹿島組社長、鹿島精一と出会う。１９２７年、鹿島精一の長女卯女と結婚し、鹿島姓となる。以降、鹿島組（当時）を率いる指導者となる。参議院議員を18年間務める。第一次岸内閣の国務大臣・北海道開発庁長官。文化功労者。戦前よりアジアの地域統合「パン・アジア」（汎アジア）を提唱し、生涯にわたりその思想のもとに行動する。

②「規則正しい生活」

三島海雲（カルピス食品工業会長：１８７８〜１９７４）掲載：１９６６年４月５日〜５月３日
１８７８年、大阪府生まれ。１８９９年、文学寮（のちの西本願寺仏教大学）を卒業。１９０

2年、英語教師となるが、25歳（1903年）で辞し、中国に渡る。1915年に帰国。1919年、カルピス発売。「初恋の味」等で軌道に乗せる。曲折を経て、1956年社長に復帰する。「初恋の味」というキャッチフレーズの採用の他、有名なマークは今でいう国際コンペで募集されたもので有名だった。

三島は96歳で亡くなるが、「私の履歴書」に登場していた昭和41年（1966）4月当時、88歳だった。自ら「証券市場に上場されている会社の社長では最高齢者」と書いていた。三島は生来、強健の質ではない。特に消化器と呼吸器が弱く、子どものときから薬ばかり飲んでいた。彼の肉親は母をはじめ、二人の娘も早世した。だから人一倍、健康に気を遣い、努力してきたそうで、健康に役立つ書物は片っぱしから読み、あらゆる方法を試みていたという。

その結果、「時間を守って規則正しく生活すれば、身体はおのずと健康になる」という信念をもつ。そこで88歳のとき、三島は1日24時間を、10時間の睡眠、午前中4時間の執務、午後2時間の読書、そして残る8時間を体力維持のための時間と定めたという。これを厳守するため、冠婚葬祭等の出席はいっさい断わり、妻子または他の人を代理に立てるように徹底した。

その1日8時間の健康法の内容は、「一、食生活　二、散歩　三、手足の温浴　四、日光浴」であり、これをそれぞれ詳しく次のように説明している。この四健康法の内容を以下にご紹介させていただくことを、三島会長もあの世で許してくれよう。

一、食生活

生きた海水魚、すなわち伊勢エビ、車エビ、まきエビ、アワビ、カキ、ウニなどを生きたまま食べることである。特にアワビの肝臓は、わさびじょう油を付けて食べるとおいしいし、効果が早い。ききめはまず手のひらに現われる、夕食に生の肝臓を食べ午前一時ごろ目がさめると、手のひらにグンと充実感がある

二、散歩

近ごろ一日一万歩運動があるが、私の年齢には多すぎる。私は毎朝、食前に四千歩ないし五千歩ほど歩く。虎の門病院の冲中重雄博士も、「三島さん、散歩をなさい。足が弱ると脳の働きまで弱りますから」と教えてくれた

三、手足の温浴

これも私独自の健康法である。（中略）私は〝四湯だらり〟をやる。つまり朝、昼、夕の食前に手足を四十二度ぐらいの湯で十二、三分間あたためる。特製の台に洗面器をはめ

こみ、これに手をつけ、足はすわりながら下のバケツに入れる。夕はテレビの前でやるから時間のロスもない。就寝前には全身入浴する

四、日光浴

夏は朝六時から七時までの間に十分間、冬は十時から午後一時の間に三十分ぐらいやる。（中略）また、日光浴で拡大鏡を使ってヘソのまわりを焼かんばかりの高温度で照射するのが、私の独創で、秘伝である。二十年ほど前、ヘソに灸をすえてたいへん効能があったことから、モグサの代わりに日光であたためてもよかろうと考案したのだ。「ヘソの下には胃とスイ臓がある。熱で刺激すれば胃液、スイ液の分泌をよくするからよろしい」と私の主治医柿沼庫治さんが、この方法にタイコ判を押してくれた。ただし、やけどをしないように注意がいる

お灸の代わりにレンズを使ってヘソをあたためる彼の「履歴書」写真は、ユーモラスだが、「時間を守って規則正しく生活すれば、身体はおのずと健康になる」ことへの気づきと実行、1日8時間の詳しい健康法メニューには驚かされる。

「私の履歴書」に登場する人の80％は散歩を励行しており、人間60歳を過ぎると、特に健康管理の重要性を認識し、ほとんどの人が自己管理の必要を繰り返し述べている。

4. 病気

昔は衛生状態も良くなかったので、多くの人たちが病気にかかりました。その病気も長期治療や療養が必要であったり、複数回、経験する人もいました。これらをどのように克服されていったのか抽出してみました。

①「病気を治すことに専念しろ」

福澤　武（三菱地所名誉顧問：1932〜）掲載：2016年4月1日〜4月30日

日本の実業家。三菱地所社長、会長等を歴任。交詢社副理事長。福澤諭吉の曾孫。

1932年、東京生まれ。諭吉の次男・福澤捨次郎（時事新報社長）を祖父、捨次郎の子・福澤時太郎の次男として生まれる。小学校5年生のとき肺結核を患い、慶應幼稚舎を卒業後は療養生活に入ったため、中学校・高校へは行けなかった。23歳のときに病状が少しずつ快方に向かい、24歳のとき、独学で大学入学資格検定（大検。現・高等学校卒業程度認定試験）を取り慶應義塾大学法学部に入学。1961年に同大学を卒業し、28歳で三菱地所入社。長く営業部門を歩み、老舗企業体質をグローバル企業体質に変身させた実績を残す。

彼が就職した三菱地所は老舗(しにせ)企業で殿様商売のように思えた。旧態依然とした商慣習の価値観でテナントは一業種一店の入居基準だった。会社は「テナントにビルの使い方を教える」という上からの目線で接していた。だからテナントの競争原理による創意工夫が生まれないので、ビルの魅力も失われていた。それを彼が営業部長のときに撤廃した。

彼が新社長になったとき、すでに買収していた米ロックフェラー・グループの再建を行う。このビル群は、ニューヨーク・マンハッタンの中心部、48番街と51番街に19の商業ビルが四方に建ち、各ビルの低層階は一つの建物として繋がっている。中心にあるセンタービルの半地下のプラザには、万国の国旗とプロメテウスの黄金像が立ち、夏にはカフェテラス、冬にはアイススケートリンクとして使用される。特に12月になると特大のクリスマスツリーが飾られることで有名である。しかし、米国で不動産不況が起き、賃料が一気に下落した。再建を図るために、特損をだす日本でいう民事再生法で法的整理を行おうとした際、ロックフェラー家当主のデービッド・ロックフェラーから時の総理大臣にまで手を回し、それを阻止させようとされたが、初志を貫き上場以来の1200億円もの赤字決算を断行することで再建が容易となった。また、丸ビルの建て替えで初めて指名入札を導入したときは、建設業界に恨まれた。それでも勇気をもって見直したのは、「守るものは守り、変えるべきものは変えることが道理にかなう」という考えに基づくものだった。

彼の生き方の「物事の本質だけを追い求める」という考えの原点は、13年間の闘病生活にあると書いている。

自分の入院が長引いたら、親兄弟に迷惑をかけ続ける。天井の染みを眺めては「本当にすまない」と繰り返す毎日だった。（中略）入院歴でも年齢でも先輩の患者たちが（中略）「親に迷惑をかけているなんて気に病むな。病気を治すことだけ考えろ。エゴイストになれ」（中略）「この病気は神経質では治らないよ。神経を太くして、無神経にならないといけない」と聞かされた

彼はこの助言を「他人は他人、自分は自分」と割り切ることも大事だと納得する。それまでは結核と一人で闘ってきたので孤独だった。年齢や出身が違っていても、同じ病気を抱える人たちのアドバイスは最高の薬になったという。「病気を治すことに専念しろ」の助言で単調な入院生活に歯を食いしばる気力がみなぎってきた。そして、彼は人が一生涯で実体験できることなんて、たかが知れている。やる気次第で知識は広がると思い、長い療養生活で多くの古今東西の名著を読むことで未知の世界を勉強したのが後々に役立ったのだった。

②「二度の大病で動物的な勘が」
北裏喜一郎（野村證券会長：1911～1985）掲載：1979年11月10日～12月6日

1911年、和歌山県に生まれる。1933年、兵庫県立神戸高等商業学校卒業後、野村證券に入社。戦後は、1949年、取締役大阪支店支配人となり、1968年11月に社長に就任するまで瀬川美能留（注2）社長とのコンビで公社債市場から株式市場への資金調達を主流に成長させ、野村證券の発展に大きく寄与した。1978年には当時54歳の田淵節也（注3）に社長職を譲り、自らは会長となった。

彼は16歳のとき、神戸高等商業学校に入学する。その当時、予科1年、本科3年の4年制高商は、神戸高商（現・神戸大学）、東京高商（現・一橋大学）の2校であった。予科を終え、本科1年に進んだ夏の終わり頃に突然、大喀血を起こす。校医の診断は結核であり、「君の生命はあと半年」と宣告された。当時の結核に薬はなかった。自然療法、安静療法だけであったので、光と水と空気のみで立ち向かった。しかし、母親の献身的な看病もあり、この肉の一片は母のため、この一片は自分のためと自分に言い聞かせ療養に努め、２年半で療養生活を終えることができた。この療養中に、神戸高商は神戸商業大学となり、彼の復帰すべき学校がなくなっていた。そこでこの有名校の名を引き継いだ県立高等商業学校の専門学校（現・兵庫県立神戸高等商業学校）に当時の神戸高商の校長らが彼の才能を惜しみ推薦状を書き、転校することができたのだった。

野村證券に入社後、広島支店勤務から、昭和13年（１９３８）に大阪支店へ転勤となり新設の株式係りに配属された。ここの上司に奥村綱雄（注４）、瀬川美能留がいて、この黄金トリオで野村證券の基盤を築くことになる。時代の要請で、今までの公社債資金調達だけでなく、株式市場を通じての資金調達が重要視されるようになり、株式市場が活況を呈するようになっていた。このため、株式係りが株式部に昇格、本格的な株式業務への進出となったのだった。

問題は、昭和19年（１９４４）秋に起きた。彼が順調に業績をあげていたとき、二度目の大喀血に見舞われたのだ。妻と子どもを実家に預け、彼は和歌山の生家に身を寄せ、再び光と水と空気の中で、半年におよぶ自炊と禁欲生活が始まった。何もすることがない。山の中腹に寝転んで、遠くの平野を眺め暮らす毎日だった。頼山陽の『日本外史』21巻、『里見八犬伝』など父の残した古書を読んだという。
そんなある日、はるか向こうの山の端に黒点が見え、だんだん近づいて来る。勘でこれを女だと定めて見ていると、近づくにつれ女である。男だと定めて見ていると男になる。この勘が百発百中当たるようになった。禅僧が深山にこもり、独座して心魂を練るという理（ことわり）も、ここにあると思った。この心境を次のように述べている。

人間、半年も禁欲、独座すると、まず動物的な勘が鋭くなる。ついでこの勘は、社会的な勘に移ってゆく。昭和二十年の春、鈴木内閣成立を見て、これで戦争も終わりだなと、ピーンときた

戦後大阪支店に復帰し、彼は陣頭に立ち街頭に繰り出して民衆に新株の引受先を呼びかけた。そのときの反響がすばらしかったので、勘を働かせ「投資家大衆は街頭にあり」と確信した。これは、二度目の大喀血で失意の時、「古典の読書と座禅」で得たものだった。これで得た自信から、この後いち早く百貨店内に投資相談所を設け、臨時資金調整法による丙種扱いの業種で、借り入れ、社債発行がほとんどできない百貨店に協力、わが国初の公募転換社債を取り扱ったのは、大阪支配人時代だった。また、東京オリンピック開催後の昭和40年不況以降、婦人証券貯蓄、従業員持ち株制度や財形貯蓄など、一連の累積投資業務で野村證券が業界トップの座を固めたのであった。

注

２瀬川美能留（野村證券会長：１９０６〜１９９１）掲載：１９７０年４月22日〜５月20日

１９０６年、奈良県生まれ。１９２９年に大阪商科大学高等商業部（現・大阪市立大学）を卒業後、野村證券に入社して、早くから営業担当者として頭角を現した。１９５９年に社長就任したのち、１９６５年には調査部を独立させて、野村総合研究所を設立した。社外では瀬川学術振興基金を設立し、その融資を大阪市に寄付し、大阪市立大学証券研究センターをバックアップした。

３田淵節也（野村證券会長：１９２３〜２００８）掲載：２００７年11月１日〜11月30日

１９２３年、岡山県津山市生まれ。１９４７年、京都大学法学部を卒業後に野村證券に入社。主に営業畑を歩んだ後、１９７８年54歳の若さで社長に就任。精彩を欠いていた国際部門を飛躍的に伸ばし、世界有数の証券会社に押し上げた。１９９０年12月には証券業界では初の経団連副会長に就任した。

4奥村綱雄（野村證券会長：1903～1972）掲載：1960年7月22日～8月11日

1903年、滋賀県甲賀郡信楽町（現・甲賀市）に生まれる。生家は代々、信楽焼の窯元。1926年に京都帝国大学経済学部を卒業後、野村證券に入社。1946年公職追放による経営陣退陣のため、47年に専務、1948年には45歳の若さで第3代社長に就任した。証券取引法に基づく証券業者として登録。1951年に連合国との交渉の末、証券投資信託法を実現させ、委託会社の免許を受けることに成功し、財閥指定を受けた「野村」の社名を守った。野村證券「中興の祖」と言われる。その他には東京証券取引所理事、ボーイスカウト日本連盟理事長なども務めた。

5．吃音症（どもり）

昔、私が子どもの頃、吃音症（きつおん）の仲間が多くいました。私はそれをまねして吃音になった思い出もあります。吃る（ども）癖のある子どもはいじめの対象になりました。その癖をもつ本人は、仲間に劣等感を抱きなんとかこれを克服するために努力をしていました。その克服法を2例紹介します。

①「自分に自信をもたせる」

田中角栄（首相：１９１８～１９９３）掲載：１９６６年２月１日～３月７日

１９１８年、新潟県生まれ。高等小学校を卒業後、上京し中央工学校を卒業。１９４３年に田中土建工業を設立。１９４７年に衆議院議員。郵政相、蔵相、通産相などを歴任し、１９７２年に首相。日中国交正常化を実現。金脈問題が摘発されて１９７４年退陣。１９７６年、ロッキード事件で逮捕され、一審で懲役４年の実刑判決を受け、上告中に死去。

田中は自民党最大派閥を率い巧みな官僚操縦術を見せ、党人政治家でありながら官僚政治家の特徴も併せ持った稀（まれ）な存在だった。大正生まれとして初の内閣総理大臣となり、在任中には日中国交正常化や第一次オイルショックなどの政治課題に対応した。また、高等教育を受けていない学歴でありながら、首相にまで上り詰めた当時は「今太閤」とも呼ばれた。明晰な頭脳とやると言ったら徹底してやり抜く実行力から「コンピュータ付きブルドーザー」と呼ばれていた。

彼は体が大きく勉強もよくできたので、小学校高学年で級長をしていた。しかし、吃る癖をもっていたのでいつも引け目を感じていた。あるとき習字の時間に悪友が悪事を働き、責任を彼に被せたため、先生が一方的に彼を叱った。彼は立って弁明しようとしたが、吃るためうまく言えない。顔が真っ赤になるばかりで自分にいらだった。その無念さを晴らすため、すりおろした墨と硯を力いっぱい床に投げつけたのだ。そして次のように語っている。

ドモリとは奇妙なものだ。寝言や歌を歌うとき、妹や目下の人と話すときはドモらない。（中略）目上の人と話すとき不思議とドモるのである。せきこむとますますひどい。いくら矯正法の本を読んでもだめなもので、自分はドモリでないと自分に言いきかせ、自信を持つことが大切なのだ。大いに放歌高吟（ほうかこうぎん）すべきだと悟ったので、山の奥へ行って大声を出す練習をした

この習字事件がどもりを治す端緒となった。その年の学芸会で「弁慶安宅（あたか）の関」の弁慶役を先生に強引に頼みこんで認めてもらう。そして「自分はドモリでないと自分に言いきかせ」自ら課した特訓で成果を出し、みごと勧進帳のくだりも読み上げ満場の拍手喝采を浴びた。この成功の裏には「自分はドモリでないと自分に言いきかせ」、自分に自信をもたせた特訓があった。ここが彼のリーダーたるプライドと思える。

このときの弁慶役の成功が、どれほど彼にどもり克服に自信を与えてくれたか計り知れないという。彼の弁舌は爽やかで聴衆を沸かせ人気を得ていたが、これもこのときの自信が原点なのではないだろうか。

また余談だが、田中は弁舌の他に文章もうまかった（「私の履歴書」の執筆は本人が完全原稿を仕上げた数少ない一人と日経新聞の当時の刀根浩一郎文化部長が証言している。「私の履歴書」経済人別巻〝取材記者覚え書〟）。

彼は建築作業で初めての賃金を得る前に、懸賞小説に応募して５円の賞金を稼いだのが「自分で稼いだ第1号だ」と書いている。新潮社が雑誌『日の出』を創刊（１９３２年）するに当たって懸賞小説を募集していたおり、田中は「三十年一日のごとし」という小説を応募したところ、入賞し賞金をもらったのだった。

「私の履歴書」では、幼年期から青年期、戦後の再出発の日（昭和22年4月26日）の28歳で代議士当選までを書いているが、その中に女性が３人登場する。その一人は柏崎町役場の電話受付嬢、２人目は長岡の芸者、３人目は新妻となる間借りした事務所の娘さんである。それぞれに対し誠実で人情味のある対応を書いているが、その興味ある新妻への誓いは次のように表現している。

三月三日、桃の節句の日に二人はいっしょになった。戦争が苛烈（かれつ）を加えてきたころなの

で、はでな結婚式も披露の宴もできず、二人がその事実を確かめ合うだけでよかった。ものもいわず、虫も殺さぬ顔の妻にその夜三つの誓いをさせられた。その一つは出て行けといわぬこと、その二は足げにしないこと、そしてその三は将来私が二重橋を渡る日があったら彼女を同伴すること、以上である。もちろんそれ以外については「どんなことにも耐えます」と結んだのである。私はこの三つの誓いを守って、ことしで二十五年目を迎えるのである。いま考えてみると、そのときから彼女の方が私より一枚上であったようだ。

これには後日談がある。中川順日経元編集局長が自著『秘史』（講談社）の中で紹介したものだ。小林秀雄が「政治家にあんな文章が書けるわけがない。しかし、あの文章は、本人ではないと書けない文章だ」と褒めていると田中に伝えた。文化勲章の受章者であり、天下の評論家の小林秀雄から褒められた田中は喜び、後日単行本として出す彼の「私の履歴書」の序文をお願いしたところ、丁重に断られたそうだ。

しかし、彼の文才を天下の評論家も認めたことになる。そして、前記の3つの誓約は、彼のその後の多くの女性関係の噂を考えると「新妻との約束は果たしている」とも思え、とても微笑ましく感じたのだった。

②「自信をもたせてくれた」
ジャック・ウェルチ（GE会長：１９３５～）掲載：２００１年10月1日～10月31日

１９３５年米国、マサチューセッツ州で生まれる。マサチューセッツ州立大学卒業後、イリノイ大学院で博士号を取得、ＧＥ（ゼネラル・エレクトリック）入社。後年、21年にわたりＣＥＯ（最高経営責任者）として経営改革に取り組み、世界最優秀企業に育て上げた。１９９９年には『フォーチュン』誌で「20世紀最高の経営者」に選ばれた。

一人息子だった彼は幼少の頃、背丈が低くて吃るクセをもつのため内向的であったが、吃るのは、母親が「貴方は頭の回転が早いため言葉が追いつかないのよ。心配要らない」と自信をもたせたり、トランプゲームに付き合わせ「勝負の面白さと闘争心」を植え付けた。この自信と誇りが成長後の彼の生き方に大きな影響を与えた。次の文章は連載３日目に掲載されたが、母親の厳しくて優しいしつけぶりが好評で、特に女性読者から「子育ての参考になる」と大きな反響があったと聞いている。

母が私にくれた最高の贈り物をたったひとつだけ挙げるとすると、それは多分、自負心

だろう。自分を信じ、やればできるという気概を持つことこそ、私が自分の人生で一貫して求め続けてきたことであり、私と一緒に働く経営幹部一人ひとりに育(はぐく)んでほしいと願ってきたことだ。自負心があれば、勇気が生まれ、遠くまで手が伸びる。自分に自信を持つことでより大きなリスクも負えるし、最初に自分で思っていたよりもはるかに多くのことを達成できるものだ

この、ゲームの競争心で「自分を信じ、やればできる」という自負心が背丈のハンディの克服と、その後の野球、ホッケー、ゴルフといったスポーツへの興味、そしてビジネスへの情熱へとつながっていった。ここで培われた自信と誇りが、成長後の彼の生き方に大きな影響を与えたのだ。

ウェルチが幾多の大胆な経営革新を行い、GEを世界最強の優良企業に育て上げることができたのも、自分に対する絶対的な自負心をもてたからだ。

この「履歴書」では、ヤナセ会長の梁瀬次郎も吃りの癖があったことを告白しているが、3人に共通して言えることは、吃音症を治すにはまず、親からは「本人に自信をもたせる」、本人は「自分には克服できる能力がある」と自信をもつことであると書いている。天風会(注5)では「自己暗示法で治す」ことを勧めている。これは夜寝る前に鏡で自分の顔を映し、その眉間に向かって自分が願っている姿を想像しながら、「お前はできる」と声を出して自己断定して眠る。そして翌朝、目が覚めた時点で自分が願っている姿を想像しながら「お前はできた」と自己暗示をかける。これを繰り返すことで自分に対して「何事も克服できる自信」をつけることができる。私もこれを実践することで、自分の種々の弱点を克服することができた。

注

5天風会
人間が本来生まれながらにもっている「いのちの力」を発揮する具体的な理論と実践論である「心身統一法」を普及・啓発している公益法人。
本部（天風会館）〒112-0012　東京都文京区大塚5-40-8

6. 帰国子女

グローバル化が進むと生活する場所が日本だけではなく世界各地になります。当然、外国で育った子どもは母国語が日本語ではなく現地の言葉となります。両親が日本に帰国するときは、行動を共にするのが普通です。問題は、両親は子どもを日本社会に適応させるのにいろいろ苦労をすることです。同時に子どもも同じく親にも仲間にも言えない悩みや苦労をもつことになります。この苦労と解決策を紹介します。

「母がスパルタ」
柏木雄介（東京銀行会長：1917〜2004）掲載：1986年9月1日〜10月2日

柏木は大蔵省（現・財務省）きってのアメリカ通で、国際金融通として知られ、初代財務官の役職は彼の才能を活かすための役職ともいわれている。

1917年、中国・大連生まれ。1941年東京大学を卒業し、大蔵省に入省する。父親が横浜正金銀行（のちの東京銀行）の大連支店次長（のち同行頭取）だったときに生まれ、その後、父親の転勤でアメリカに住む。満12歳のとき日本に帰国したが、読み書きできる日本語は、ひらがなに簡単な漢字を合わせても、わずか150字足らずだったという。

彼は生まれてからの12年間で、二度ほど夏休みを利用して一時帰国したことはあるものの、アメリカ滞在中は日本語を学ぶ機会も、使う場面も乏しかった。日常では当然、両親と日本語で会話をしたが、それは耳で覚えた言葉にすぎなかった。

彼にとっての母国語は、すでに英語になっていたのである。帰国することになり、両親は柏木の日本語の読み書き能力について案じてくれた。それゆえ帰国後の教育はすさまじかったと、柏木は次のように語っている。

わが子の教育に関し、母は必死だった。教育勅語がなかなか暗記できないとみると、私の入浴中、脱衣場に入ってきて、ガラス戸一枚隔てた向こう側で大きな声で読んで聞かせた。こちらはそれを復唱して頭の中にたたき込んでいくわけである。

日本語の読み書きは、帰国後ほどなくして人並みになったとはいえ、筆の方はまるでだめだった。習字の宿題となると、母の書いてくれた手本を敷き、その上に新しい半紙をのせて、母の字をなぞってつじつまを合わせたものだった

このエピソードから、母親の子どもに対する教育の一途さが痛いほど感じられる。母国の日本社会に息子を適合させるため、母はあらゆる機会をとらえて日本での教育に全エネルギーを傾けたのであろう。その甲斐あって、思春期に彼が書いたラブレターは、小学校の生徒のような字であっても、相手の心を動かすものだったと本人が自慢している。

しかし、帰国子女の中には日本語の単語や熟語などが思うように話せず、また漢字も書くことができないため、日本人社会に馴染めず疎外感を抱き、外地に戻ってしまう者も見受けられる。帰国した両親も一緒に日本で生活することを望むが、子どもたちの将来を考えるとグローバル化が進んでいる現在、子どもたちの希望どおりにさせる方が良いと考え、外地に送り出す親も多くなった。どちらが良いかは、それぞれの家庭の事情により異なってくるだろう。

それでも成功事例では、子女の教育を両親が役割分担で協力しあっていた。特に家庭における学校の宿題は母親が、そのチェック機能を父親という形である。それでも、日本の風俗・習慣の他、国語や歴史など文化系科目など大部分は母親が、理科や数学などの理系科目は父親が、得意分野で協力しないと負担の重い母親に一層の負担がかかってしまう。父親が仕事中心で子どもの教育を妻に丸投げしていては、とても子どもを立派な社会人に育てられない。「両親が本気で子どもの教育に取り組まなければ子どもは勉強をしない」という。

それでも帰国子女は外国での生活経験があるため、国際感覚があり異文化への理解をもっていることは、日本でのみ育つ子どもたちよりこの点が優れている。そのため、もっと自信をもたせたいものである。

７．いじめ

現在はいじめが深刻な問題になっているが、いじめられている子どもは自分からはなかなか親にも先生にも言えません。周りが気づいて声をかけ、対話ができれば道は開けます。この「履歴書」でも多くの人が幼いときにいじめにあっています。それを両親の助言や本人の努力で克服していました。これを２例紹介します。

①「得意技をもつ」
似鳥昭雄（ニトリＨＤ社長：１９４４〜）掲載：２０１５年４月１日〜４月30日

１９４４年、樺太（現ロシア・サハリン州）生まれ、終戦後は札幌市で育つ。北海学園大学経済学部卒業後、広告会社に勤めるが仕事がとれず半年で解雇となり、23歳で似鳥家具店を創業した。現在のニトリは１９７２年に１００店・売上高１０００億円の30年計画を作って公表し、２００３年に１年遅れで達成した。２０１３年には３００店、現在は次の30年に３０００店・売上高３兆円という遠大な計画に向けて邁進している。

似鳥の少年時代は、戦後の混乱期のため、家庭では両親のヤミ米販売の手伝いをしながら手厳しい叱責・指導を受けた。また、小学校では勉強のできない貧乏人の子どもとしていじめられた。ヤミ米屋だったから、仲間から「ヤミ屋」としょっちゅうののしられた。クラスでも有数の貧乏一家で、着ている衣服はツギハギだらけ。体も小さく、トイレに呼びつけられては殴られていた。いじめられてもいつもニタニタしているので「ニタリくん」とも呼ばれていたそうだ。中学校に行っても境遇は変わらない。力仕事の米の配達もして腕力もあったので、一対一なら負けなかったが、いじめられやすい体質なのか、いつも集団で暴行を受けていた。あるときは同級生たちに自転車もろとも川に突き落とされたこともある。そのときこのままではダメだと思い、アルバイトで稼ぎ、ケンカに強くなるためボクシングジムに通ったりもした。しかし、境遇を変えるきっかけをついにここで摑んだ。

手先が器用なせいか、そろばんだけは得意だった。珠算部に入り、一心不乱に腕を磨いた。すると約500人が参加する学内の大会で1位に選ばれた。表彰式で校長先生から賞状をもらいに行ったが、校長は私のことを覚えていない。賞状を手渡されるとき、「先生、私は入学前に米を届けた似鳥です」と話すと、「おー、あのときの君か。よく頑張っ

たな」と喜んでくれた

自分の得意分野で他人より優れた成績をあげると仲間たちも一目置くようになり、いじめはなくなった。「得意分野をもつ」ことにより、その後の彼は自分の不勉強を持ち前のバイタリティと知恵で克服していく。そして、ヤミ米時代に両親は「仕事も愛嬌と執念が必要」と教えてくれたので、「失敗したらやりなおしたら良い」と割り切り、新しい事業に挑戦していった。家具店から出発してチェーンストアに傾倒する。そして北海道から全国に多店舗展開していく。また、商品も家具だけでなくインテリア全般となり、仕入れも国内から海外にも伸ばし最適な調達先を求めた。そして現在は、ユニクロと同じように価格と品質をコントロールできるＳＰＡ（製造小売）に大きく発展させている。リスクを恐れず常に挑戦する姿勢は、自分への自信からだった。

②「行動から道が開ける」

井上礼之（ダイキン工業会長：１９３５〜）掲載：２００７年２月１日〜２月28日

ダイキン工業会長。「人を基軸に置いた経営」を提唱している経営者。

1935年、京都府生まれ。同志社大学経済学部卒業後、大阪金属工業（現・ダイキン工業）に入社。人事部長、常務、専務などを経て社長・会長。その他、関西電力、オムロン、コニカミノルタホールディングス、阪急阪神ホールディングスなどの取締役を務めた。

井上は太平洋戦争開戦前の昭和16年（1941）、国民学校（小学校）に入学したが、待っていたのはいじめだった。彼の父親はアメリカ帰りの京大教授であり、しかも本人は髪が柔らかく茶色で、おまけに色白だった。太平洋戦争の影響で学校ではすっかり敵役にまわり、ガキ大将を中心に10人ぐらいから「異人さん」「外国のスパイ」などとののしられた。みんなからよってたかっていじめられ、よく小競り合いになった。これが高じて、一時は夜も眠れないくらい学校に行くのが嫌になる。が、弱り果てていたある晩、ふと「あいつは何を望んでいるのだろう」と思いつき、犬を連れてガキ大将の家を訪ねてみた。他愛ない話だったが、一対一で話してみると意外なほど気弱な男で、翌日から彼への態度がコロッと変わったという。このときの教訓を彼は次のように述べている。

私にとって小学生のときに受けたいじめほどつらい経験はない。でも、それに耐え、乗り越えたら、どんな苦難にも立ち向かえる自信が芽生えた。自分の欠点にも気づかされ、

友だちの悩みにも耳を傾けるようになった。人を恐れ、避けるのではなく、人と人との間でたくましく生きる精神を培ったと思う

彼はこのいじめの試練を克服する「人を恐れ、避けるのではなく、人と人との間でたくましく生きる精神を培った」自信が大きな財産となって社会に出ている。昭和32年（１９５７）に同志社大学を卒業すると、不況で就職難の中、父親の勧めもあり大阪金属工業（現・ダイキン工業）に１９５７年に入社する。だが、入社当時のこの会社は戦後まもなく三度も人員整理をし、「ボロキン」と冷やかされていた。しかし今は、彼がこの会社を総合空調・冷凍事業で世界中に快適な空気環境を提供し続ける、連結子会社２１０以上、従業員６７００名のグローバル・ナンバーワン企業に成長させている。

いじめはどの時代、どの民族にも存在する。金持ちか貧乏か、体にハンディがあるか、社会的な身分はどうか、どの民族かなど自分の優位性を誇り、相手をさげすむ習性は人間の性（さが）とも言うべきだろう。この「履歴書」でも多くの人が幼いときにいじめにあっている。それを両親の助言や本人の努力で克服しているが、その克服の一番良い方法は、本人の得意分野で優秀性を他人に認めさせることである。外国とくに米国では、スポーツであれ勉強であれ、何か一つ優れているモノをもつとそれを高く評価する風習がある。これは日本でも見ならうべきで、「何か一つ得意分野をもつ」ことだ。

＊　＊

うつ病への対処

この「履歴書」に登場する人物で「うつ病」経験の記述者はいないが、最近ではセクハラ、パワハラ、長時間労働などストレスの多い生活で、心身の健康を損ないうつ病になる人が増えている。ＩＴ導入による人員削減や多様化する業務など職場環境が大きく変化する中、心身に不調の兆しがあれば早い段階で医療や労務問題の専門家に相談して欲しいものである。

8. 劣等感

謙虚で自意識の強い子どもは、他人に比べて少しでも劣る箇所があると「自分はダメな子」と劣等感をもち萎縮してしまいます。この劣等感を早い時代に打ち破った2例を紹介します。

①「一歩下がって努力」
萩本欽一（コメディアン：１９４１〜）掲載：２０１４年12月1日〜12月31日

日本を代表するコメディアンである。タレント、司会者、ラジオパーソナリティー、演出家。日本野球連盟、茨城ゴールデンゴールズの初代監督でもある。

１９４１年、東京で生まれる。高校卒業後にコメディアンを志した。浅草の演芸場からストリップ劇場に移り、裸の踊り子が交代する空き時間を埋める存在だった。紆余曲折を経て、１９６６年に以前から面識があった坂上二郎と「コント55号」を結成し、舞台上を所狭しと縦横無尽に駆け巡るコントで一気に人気者になる。

彼は小学校では級長をしていたが、強い生徒の後ろに隠れたり、女の子と遊ぶような少年だった。引っ込み思案の性格であったが、あるとき、授業で勢いよく手を挙げたのはいいが、答えを思い出せず、「え〜、分かりません」と言ったところ、どっと笑いが起きた。それがなんだかうれしくて、何度もやった。そのうちに「笑われる」から「笑わせる」性格に進化していったという。

しかし、コメディアン修業を始めて3カ月ほどたったとき、演出家から「君は才能がないからやめたほうがいい」と言われて落ちこみ、諦めようとした際、親切な仲介者が演出家を説得し、「大丈夫、演出の先生に言ってきた。ずっといていいよ」と彼を引き止めてくれた。その後、先述の演出家から「芸能界はどんなに才能がなくても、たった一人でも応援する人がいたら必ず成功する。もしかしたら、お前をやめさせないでくれという応援者がいるはずだ。お前は成功するから頑張れ」と激励された。そのとき、彼の芸の水準に、はっと気づく。

僕はだめな男なんだ、才能がないんだ。優れた人はもちろん、普通の人より1歩、いや2歩下がったところから人一倍、努力しなきゃいけないんだ。光るものがないなら、誰もやらないことを地道にやって先を走る人たちをじわじわと追いかける。それしか方法がないんだと覚悟を決めた

この「誰もやらないことを地道にやる」ことへの気づき以後、誰もいない劇場で早朝8時から大声を出す練習をし、先輩芸人の芝居を一人で演じるなど、毎朝休まず何度も必死で繰り返した。そうしているうちに思いもよらぬチャンスが訪れた。主役の先輩が体調を崩して休演、その代役に抜擢されて彼の躍進が始まることとなった。

70年代後半以降は坂上二郎とのコンビを解消し、それぞれの活動に専念した。そして80年代に一般人の出演者や欽ちゃんファミリーへの「素人イジリ」を武器に『欽ドン！良い子悪い子普通の子』『欽ちゃんの週刊欽曜日』などヒット番組を多く手がけ、出演する番組３つの合計で「視聴率１００％男」との異名をとる人気者となった。

いじめられても諦めず真面目に努力・精進をしているとどこかで誰かが見てくれている。このチャンスを生かすことで自分に自信がつき、次の飛躍へと結びついたのだった。彼の控えめな性格と恩人への感謝と行動は周りの人たちの多くの応援を貰って成功となった。

②「笑いものになるのも」

桂三枝（現・六代桂文枝・落語家：１９４３〜）掲載：２０１２年５月１日〜５月31日

落語家、タレント、司会者。西川きよし、笑福亭仁鶴と並び、吉本興業の三巨頭と称されている。現在、『新婚さんいらっしゃい！』が同一司会者によるトーク番組の最長放送世界記録保持者として、記録更新中である。

１９４３年、大阪府生まれ。商業高校時代は演劇部に入り漫才コンビを組んだり、大学時代は落研（落語研究会）に入り、「浪漫亭ちっく」の芸名で活躍する。１９６６年、大学を中退して桂小文枝に弟子入りする。そのとき、落語家入門を許さない母には面接者を「建設会社の人事課長」と偽って師匠を紹介するなど、入門までには笑えないほどの紆余曲折があった。しかし、内弟子時代にはユニークな企画をたてて実行する。それは上方の古典落語「東の旅」の実感をつかむため、大阪の玉造を出て伊勢神宮までの珍道中を、手甲脚半(てっこうきゃはん)に編笠・わらじ履きという姿で弟弟子とコンビで行ったユーモラスな実績をもつ。

彼は幼くして父を亡くし、戦後の混乱の中、母一人、子一人の所帯で育った。彼にとっては母子家庭のつつましい暮らしでは「笑われる」のも「笑いものになる」のも似たようなもので、同じ価値観だった。しかし、むやみに目立たないように母からはしつけられたが、一人っ子だった彼は内気でよくいじめられた。そんな泣き虫が、芝居の物まねをするときばかりは人気者になった。「笑われたらあかん」という母親のいいつけに背くようで、負い目を感じつつも、喝采を浴びる心地よさを覚えていた。そこで、友達との時間が少しでも長くあって欲しいと願い、歓心をつなぎ止める答えをここで見つけた。

手探りで探すうちに、どうやら面白いことに人は引かれることがわかった。何をどうすれば面白がるか。あれこれ工夫するうちに「笑い」の奥深さに開眼した

友達が来たら、できるだけ長く一緒にいたい。人の顔色を読み、歓心をつなぎ止めようと工夫する癖は、ここから芽生えた。そのために、拾ってきた木ぎれ、針金、クギを使って遊びを生み出した。あれこれ考える癖は番組作り、創作落語に生きていると述べている。

この小学校時代、漫談師・西条凡児のラジオ番組『凡児のお脈拝見』で話し方のツボを学ぶ。初めは「家を出るときこんなことがあった」「この電車に乗ってこんな情景に巡りあった」といった日常的な話題から入り、誇張を織り交ぜては笑わせ、飛躍し、やがて事実に戻って教訓めいたオチがつく。こうやって構成すれば小学生にも聞きやすい。笑いを作るには着眼点、構成、間、口調が大事な隠し味になっている。彼は聞かせどころや笑いのツボなどを子どもながらに分析をしては独り悦に入っていた。この分かりやすくなじみ易い話し方が若い人たちの人気を獲得することになった。

そして１９６７年、ＭＢＳラジオの深夜放送『歌え！ＭＢＳヤングタウン』に出演。一躍大人気となる。その後は、テレビのバラエティ番組『ヤングおー！おー！』、『パンチＤＥデート』、『新婚さんいらっしゃい！』などの司会を務め、全国区の人気者となった。21世紀になってからはテレビ出演を抑え、古典落語ではなく彼が現代世相をもとにして書いた創作落語は寄席や独演会「桂三枝の創作落語１２５撰」でも好評を博した。

9．方言コンプレックス

地方から都会に移住してきた人の多くは、自分の地方の方言にコンプレックスを抱き恥ずかしい思いをするものです。それを克服しようとしますが、すぐには直せません。この方言が原因で子どものときにはいじめにあう場合が多く、職場においてもいじめやはずかしめの対象となり、疎外感を味わうことにもなります。これに対処した2例を紹介します。

①「まごころさえあれば」

棟方志功（版画家：1903～1975）掲載：1974年9月17日～10月15日

板画家。20世紀の美術を代表する世界的巨匠の一人。

棟方は1903年、青森県生まれ。家業の鍛冶（かじ）職手伝いから、1920年、青森地方裁判所の給仕になる。ゴッホの絵画に出会い感動し、画家を志し上京する。そして1928年、油絵が帝展に初入選する。1942年以降、彼は版画を「板画」と称し、木版の特徴を生かした作品を一貫して作り続け「世界の棟方」と評価されるようになった。

彼が鍛冶屋の仕事をやめ、裁判所の給仕になっても好きな絵を描くことをやめなかった。朝4時半に起きて出所し、小使い部屋から火種をもらい、火をおこして大きなヤカンをかけ、麦茶がチンチンと沸き立つまでに掃除をすませ、火を小さくして絵の具箱を提げて出かけた。4キロほど離れた公園で、1枚か2枚描いても、帰るとまだ7時頃で、先生や事務員たちの出所には十分間に合ったという。彼は写生をするとき、描き出す前に必ず景色に向かって一礼をした。そして終わったあとも、ありがとうございましたと礼をすることを習慣にしていた。

ある日、友人からゴッホの「ひまわり」を見せてもらい驚愕する。絵は、赤の線の入った黄色でギラギラと光るような「ひまわり」が6輪、バックは目の覚めるようなエメラルドだった。彼は驚き、打ちのめされ、喜び、騒ぎ叫んだ。「いいなぁ、いいなぁ」を連発して畳を、ばんばんと力いっぱいに叩き続けたほどの感動だった。

これをきっかけに、彼はどうしても「東京に行きたい、画家になりたい」という気持ちを抑えきれなくなり、応援してくれる弁護士や仲間たちに相談すると、彼らは「東京サ行くには、東京弁コ知らねばマイネド」と言って、ワを「君」、ガを「僕」と東京弁を教えてくれ、練習を始めた。

東京に出てもすぐには青森弁が直るわけではなかった。納豆売りのアルバイトを二人組でやっても、相棒は如才ない東京弁がうまい男に交渉事を頼み、彼は青森弁丸出しなので、声が大きいのをさいわい「ナットウやナットウ、ナットウ」の掛け声専門だった。5年後に第9回帝展に「雑園」（油絵）を出品し入選するが、その後、版画の良さに気づき取り組み始め、その絵の力量が認められていく。彼の朴訥さと人柄が浜田庄司（注6）や柳宗悦など多くの実力者に愛され、評価されたのだった。この評価は、絵や〝板画〟に現れた彼の人柄・朴訥さだと思われる。これも青森の弁護士の次の言葉が代弁しているように思われます。

お前は目が弱いから掃除をさせてもあまりうまくないし、お茶を入れさせても、顔に愛きょうがあるわけではない。ただ心だけは神様だ。釈迦の弟子に陀羅という何も出来ないが心だけはいいのがいたが、お前はダラのように心はいい

この言葉どおり「心だけは神様」だったのだろう。そして、彼は自分の性分を次のように語っている。

わたくしは子供の時から、喧嘩は一度もしたことがありません。今も、しません。子供のことだから、信念という立派なものではなかったでしょうけれども、人と争いごとをす

るのは嫌いな性分です

彼には方言のコンプレックスはあったものの、朴訥とまごころで人に接したので、誰からも愛され好感をもってもらえた。「正直、親切、まごころ」、これも一つの生き方であろう。

注

６浜田庄司（陶芸家：１８９４～１９７８）掲載：１９７４年４月24日～５月23日
重要無形文化財保持者（人間国宝）。文化勲章を受章。１８９４年、神奈川県橘樹郡（現・川崎市）で生まれる。１９１６年、東京高等工業学校（現・東京工業大学）窯業科を卒業後、２年先輩の河井寛次郎と共に京都市立陶磁器試験場にて主に釉薬（ゆうやく）の研究を行う。またこの頃、柳宗悦、富本憲吉、バーナード・リーチの知遇を得る。ほとんど手轆轤（ろくろ）のみを使用するシンプルな造形と、釉薬の流描による大胆な模様を得意とした。柳宗悦の流れを受けて民芸運動に熱心であり、１９６１年に柳が亡くなると、日本民藝館の第２代館長に就任。また１９７７年には自ら蒐集した日本国内外の民芸品を展示する益子参考館を開館した。

②「誰が選んでくれたんでもない」
杉村春子（女優：１９０６〜１９９７）掲載：１９６８年６月27日〜７月21日

新劇の女優。築地小劇場より始まり文学座に至る日本の演劇界の屋台骨を支え続け、演劇史・文化史に大きな足跡を残し、多くの演劇人の目標になった人である。

１９０６年、広島県生まれ。山中高等女学校（現・広島大学附属福山高校）卒業後、声楽家を目指し上京して東京音楽学校（現・東京藝術大学）を受験するが、２年続けて失敗する。広島に戻り広島女学院で音楽の代用教員をしていた。

しかし、もっと音楽の勉強がしたいという気持ちがあり、築地小劇場（俳優座の前身）の旅芝居を見て感動し、１９２７年に再び上京して、築地小劇場のテストを受けた。そのときの審査員が土方与志だった。テスト内容は、脚本の一節をいろいろ読まされたり、歩かされたりした。そして次のように宣告された。

ひどい広島なまりで、使いものになるかどうかわからないけれど、まあ三年間ぐらい、せりふはいえないつもりで、なまりを直す決心があるなら、それにせっかく女学校の先生を棒に振って広島から出てきたのだし、音楽の素養もあることだから、まあいてごらんなさい彼女はこの言葉に感激し、3年間セリフをしゃべらせてもらえないということが役者にとってどんなに辛いことなのか、皆目分からなかったので、勢いづいて「そんなこと何ともありません」と有頂天になって感謝したと述懐している。

その後、セリフのないオルガンで賛美歌をひく女の役や「その他大ぜい」の役をやりながら広島なまりを直すことに専念する。そこには寂しさ、悲しさ、貧乏がついてまわったという。しかし、標準語を話せるようになった1945年4月、東京大空襲下の渋谷東横映画劇場で初演された森本薫作『女の一生』の「布引けい」は当たり役となり、1990年までに上演回数は900回を超え、日本の演劇史上に金字塔を打ち立てた。作中のセリフ〝誰が選んでくれたんでもない、自分で選んで歩き出した道ですもの〟は、生涯〝女優の一生〟を貫いた杉村の代名詞として有名である。その他『欲望という名の電車』のブランチ役（上演回数593回）、『華岡青洲の妻』の於継役（上演回数634回）などの作品で主役を務め、『女の一生』と並ぶ代表作となり、日本演劇界の中心的存在として活躍した。彼女の演技力は多くの演劇人の目標であり、共演者のステイタスでもあったため共演を熱望された。この「履歴書」に登場する芸能人では、俳優では長谷川一夫(注7)、女優では彼女が、共演者として一番多く名前を挙げられていた。役者として長谷川や杉村と共演できることが名誉と思われているのだろう。

注

7長谷川一夫（俳優：1908～1984）掲載：1972年7月28日～8月2日

1908年、京都府生まれ。戦前から戦後にかけて、二枚目の時代劇スターとして活躍し、同時代の剣戟俳優である阪東妻三郎、大河内傳次郎、嵐寛寿郎、片岡千恵蔵、市川右太衛門とともに「時代劇六大スタア」と呼ばれた。歌舞伎界から松竹に入り、松竹時代劇の看板俳優となった。その後東宝、大映と移り、300本以上の作品に出演。舞台やテレビドラマでも大きな活躍を見せ、晩年には宝塚歌劇『ベルサイユのばら』の初演で演出を行った。没後、俳優初の国民栄誉賞を受賞。

第3章

家庭・家族問題の悩みに対処する

良家で金持ちの家庭で育った人もいますが、大部分は貧乏な家庭で育ちました。金持ちだったので「ぐうたら」な生活をおくった人も、貧乏家庭から出発しても知恵と才覚で人生を切り開いていきます。また、家庭においては伴侶である妻の存在は大きいものです。この内助の功によって大きな仕事を成し遂げることができたのです。ここでは、これらを抽出しました。

1．二代目社長の悩み

家庭は心を休める憩いの場です。両親や兄弟姉妹がいてお互い愛し合い、励まし合って生活しています。ところが、父親は息子、特に家長の長男に対しては「獅子の子落とし」と言われるように、逞しく育てとばかり過酷に試練を与えます。息子は父親の気持ちを理解しているつもりでも、ときには理不尽な試練に反発・反抗してしまう。そこに親子の相克が始まります。ここに二代目社長の悩みと克服を3例紹介します。

①「鼻つまみ者」

武田國男（武田薬品工業会長：1940〜）掲載：2004年11月1日〜11月30日

武田は暖簾のある老舗製薬企業を創業家出身でしかできない大改革を成し遂げ、日本企業から世界企業に飛躍させた人物である。

１９４０年、兵庫県神戸市御影生まれ。甲南大学卒業後、１９６２年、武田薬品工業入社。１９８７年、同社取締役就任、１９９３年、社長、２００３年、会長。


彼は大阪の古い商家の三男として生まれた。生まれながらにして長男・彰郎が後継と決められていた。将来の家長とそれ以外の子どもは明確に区別され、長男には早くから帝王学を施されていた。三男の彼から見れば長兄を育てるためにある家庭であった。だから小さい頃からひがみ根性が染みつき、学校でもおよそ勉強しない劣等生で、家庭では「鼻つまみ者」とされ、生きてきたと述べている。

１９８０年、６歳年上の長兄で、翌年の創業２００周年を機に社長に昇格し、七代目長兵衛を襲名する予定であった副社長の彰郎が、ジョギング中に倒れ46歳で急逝した。長男の社長就任を誰よりも願っていたのは会長であり、父であった六代目長兵衛だった。このショックで父は抜け殻のようになり半年余りで亡くなるが、その5日前に彼は父を見舞った。そのときの父の顔を忘れることができないと次のように書いている。

病室のベッドに弱々しく座り、じーっと私を見つめていた。ひと言も口をきかない。しかし、その目が語っていた。「なんでくだらんお前が生きとんのや。彰郎の代わりにこのアホが死んどってくれたらよかったんや」と。私は父の生きる力まで奪った兄の存在の大きさを改めて思った。そして私の存在のあまりの小ささを思った

彼は兄の死から13年後に社長のお鉢がまわってきた。会長からは鼻つまみ者として扱われ、会社からは落ちこぼれとして海外や食品など傍流の事業部に預けられ、部屋住のように扱われてきた。しかし、この寄り道人生が彼には幸いした。それは長く窓際にいたので自社のダメなところが手に取るように分かっていたのだ。社長就任と同時にゴマスリはいらん、無駄な人員を減らせ、儲からん工場を閉めろ、医薬の稼ぎに寄りかかっている多角化を見直せ、と10年間同じことをわめき続けた。その結果、その成果が出て世界の土俵にあがることができたと述懐している。

人生は予測不能である。与えられた仕事を忠実に誠実に取り組んでおれば、自分に順番が回ってきたとき、今まで培ってきた経験や知識が生きてくる。自分の出番を信じて実力を備えよう。

②「できそこない」

梁瀬次郎（ヤナセ会長：１９１６〜２００８）掲載：１９８４年12月７日〜12月31日

梁瀬はヤナセを外国車輸入の最大手企業に育て上げ、日本テレビジョンも設立し、動画製作にも尽力した人物である。

１９１６年、東京生まれで、１９３９年に慶應義塾大学を卒業し、父の経営する梁瀬自動車工業に入社する。梁瀬の父親は、先祖が甲州・武田信玄に仕えた士族出身だったのでこれを誇りとし、アイデアマンでもあり強大な指導力をもち、家庭内でも帝王だった。

彼は生まれつき病弱で吃音症だったので、「できそこない。おまえは武田勝頼以下だ」と決めつけ、ことごとく辛く当たった。そして、彼の社長就任に最後までためらい、経営戦略をめぐっては絶えず対立し、父親が息子の彼に対し何度も「社長解任」の辞令を出した。

このような環境のため、彼は武田勝頼に対する好奇心も強まり、勝頼に対する書物を読み漁り、さまざまな教訓を得ることができた。勝頼は人並み以上の能力があり、素質は十分あったが、父のあまりの偉大さを常に大きな負担に感じ、信玄の死後、部下の信望を得ようとあせって無謀な戦を挑んだ。そのため、37歳の若さで天目山の露と消えてしまったという教訓である。

そこで彼は「父に負けまいとあせるのは危険」「コツコツ努力するのが二代目の道」と悟り、入社第一歩を修理工場のナッパ服勤務からスタートし、初めて自動車を売ったのは10年目という遠回りの道を選んだ。後年、彼は二代目への助言を次のように述べている。

二代目が責任を与えられた時、心がけるべきは何といっても、その立場に生まれたという感謝の気持ちを持つことだ。そして人にほめられたいと、力以上のよい格好を見せるのも慎むべきだ。これは、私が武田勝頼〝兄貴〟から得た二代目経営者への教訓である。経営者が一番身につけなければならないのは、徳であり、徳のない人は経営者になることはできない。徳とは思いやりの気持ちと、自分自身の感謝の気持ちが生み出すものだ

彼ほど父親の経営方針に反発し、それを正直に「私の履歴書」で告白しているのも珍しい。二代目経営者の苦労や難しさをよく分かっている彼が、「私の履歴書」掲載の最終日に二代目に贈った、心すべき留意事項がこの引用箇所「力以上のよい格好を見せるのも慎むべき」だった。

③「副社長罷免」

湯浅佑一（湯浅電池・湯浅商事社長：1906〜1994）掲載：1980年10月31日〜11月30日

湯浅は、GSユアサバッテリーの前身となる湯浅電池製造を設立した人物である。

彼は1906年京都府に生まれ、1930年に京都大学に入学するが、実家の危機に際し中退し、家業の湯浅七左衛門商店（湯浅金物、現・ユアサ商事）に月給20円の見習い生として就職する。

まず、学卒で理想を求めていたため、青年店員を集め「啓発会」を作り、「○○どん」という呼称をやめさせ、日曜、祝祭日の休日を実施するなど、社内改革を推し進めた。

旧家のしきたりを重んずる両親とは対立するが、その反対を押し切って結婚もし、妻と一緒にキリスト教の洗礼も受ける。また、世田谷に会社の独身寮を造り、人材を育てるため、自らは舎監となり、妻を寮母として青年たちと話し合いを続けた。昼は副社長、夜は舎監として、24時間体制で青年たちと話し合いを行ったことなどで過労がたたり、ついに入院することになった。そのとき、父親の怒りが爆発した。

昭和16年（1941）3月16日、入院中の彼に内容証明付きの速達書留が届く。その内容は「湯浅金物副社長罷免、株主権剝奪」とともに「湯浅寮閉鎖及び売却処分と寮生47名の解雇」

を告げる、驚くべきものだった。

さらに、社長・副社長制を廃して専務制とし、父親は相談役として実権をふるう、また別に湯浅総事務所を創設して父親が家長として君臨する体制にした。それは彼にとって、今までの言動に対する父親からの強烈なしっぺ返しであった。

しかし彼は、健康を回復したあと、湯浅電池で再び専務兼舎監として日夜努力を続けた結果、生産量4倍半の実績を上げて会社に多大の貢献を果たし、病床の父親からもようやくその実力が認められた。後年、その苦しかった当時を振り返って、次のように助言している。

家業の近代化に大きい貢献をした父だが、私の理想主義と相いれなかったのは前に述べた通りである。

四人の子のうち、ただ一人生き残った長男の私を入院中に罷免するほどのことをした父は、私が相変わらず主張を貫いて世に認められていくのを、どんな思いでみていただろうか。恐らく病床の父の胸には、無量の感慨が去来したに違いない。

親を見返してやろうと、精一杯がんばってきた私も、父の死で心の張りを失い、あらためて父子のきずなの強さに思い至ったのである

38歳の彼が健康回復後に気を取り直し、勤労部長・青年学校長などの経験から、労使関係の困難な仕事にも人一倍誠意をもって取り組んだため、人心の掌握と社内融和に成功した。

これも「父親に負けまい」という、親子のきずなの強さゆえのガンバリと思える。

しかし、父親が晩年の病床にあったとき、一度谷底に突き落とした息子が逞しく這い上がって成長するのを見て、口には出せないが「悪かったな。でもよく辛抱した」と思っていたに違いない。

2. 貧乏からの脱出

人間誰しも経済的に安定した生活を送りたいと願っています。しかし、生まれつき裕福な家庭に育った人は少なく、大多数が貧乏な家庭から出発しています。その貧乏時代から出発して、様々な世間の荒波に揉まれながら、金銭感覚を身につけていきます。その苦労と貧乏脱出を取り上げました。

①「タネ銭をもつ」
大谷米太郎（ホテルニューオータニ会長：1881〜1968）掲載：1964年3月19日〜4月12日

相撲界を経て1915年東京ロール製作所を創業するが、1940年企業統合し、大谷重工業とする。1964年の東京オリンピックに合わせて、ホテルニューオータニを開業し、日本のトップクラスのホテルに育て上げた。また、晩年は相撲界発展のため、蔵前国技館の建設にも貢献した人物である。

大谷は1881年に富山の寒村に生まれ、一家を養うため農業の小作として生活したが、31歳で上京する。上京の際、母親の作った握り飯と20銭だけをもって上野に出た。深川の木賃宿に15銭払って泊まる。朝飯は3銭の焼き芋だった。相部屋になった顔利きに頼みこみ、荷揚げの仕事にありついた。それは、船から陸地に渡された1枚の板を伝って砂糖袋を陸揚げする苦役の仕事だった。

普通の人夫は肩に1俵乗せるのが精一杯だが、彼は23貫（86キロ）もある2俵を軽々と担いだから、みんなはびっくりした。「まるで弁慶だ」と。1日働いて1円28銭を手にし、人夫姿を整えたという。その後、ふろ屋、米屋、相撲取り、酒屋などの地道な商売を始めて、コツコツとタネ銭を貯めた。彼はこの「タネ銭の大切さ」を「私の履歴書」掲載時の冒頭で読者に訴え、最後の稿でも、もう一度次の如く「タネ銭哲学」を強調している。

自分に力をつけるのも、信用を得るのも金である。

私がタネ銭をつくれというのは、いたずらに金を残すのを楽しめと言うのではない。苦しみながら、タネ銭をためていくと、そこにいろんな知恵、知識が生まれてくるということだ。血のにじんだ金である以上、そう簡単には使えない。それは道理であろう。一本のえんぴつ、一枚の紙を買うにも、よく吟味して買うことになる。（中略）万事このようにタネ銭をつくるというのは、ただ〝もとがね〟を積みあげていくことだけではなく、その金があらゆる知恵と知識を与えてくれることなのだ。〝タネ銭をつくれ〟というのは、そうした意である。

その結果、もしタネ銭が十万円できたとしたなら、ものの考え方は一万円しかタネ銭がないときより、はるかに豊かに、大きな知恵と計画が出てくるものだ。これが〝タネ銭哲学〟の効用である

彼は、「自分で苦労してつくったタネ銭もなく、親の財産や他人の財産をアテにしているよ

うな人間に、ロクな人間はいない。また、そうした人間の事業がうまくいこうはずもない。自分の腕を磨くにはともかく、このタネ銭を持たなくてはできない」ともいう。

この哲学は、私も父親から「親の財産や他人の財産をアテにしているような人間に、ロクな人間はいない」と教えられたが、多くの読者もこれに同感されるだろう。これをどの程度まで実行するかは、各人に問われている。

それを確認すれば、あとは自分の人生観に照らして「どの程度までタネ銭を貯えるか」を決め、実践するのみだ。

②「3曲百円の流し」

遠藤実（作曲家：1932〜2008）掲載：2006年6月1日〜6月30日

戦後歌謡界を代表する作曲家の一人である。国民栄誉賞の受賞は、作曲家では古賀政男（注1）、服部良一（注2）、吉田正（注3）に次いで4人目の受賞者でもあった。

遠藤は1932年、東京生まれ。父は廃品業者だったため、生活が苦しく高等小学校しか出られず、すぐに紡績工場の見習い工となり働き始めた。

歌が好きだったので工場の若い女子工員を相手に歌い人気を博していた。あるとき地方回りの楽団がきた際、飛び入りで歌うと、この楽団から声がかかり、歌手として楽団員になる。初舞台は母親が半ズボンを二つ継ぎ合わせて作ってくれた衣装だった。歌い終わったあと、楽屋に帰ると祝儀袋が8つも届いていた。町長、後援会長、町会議員そして父の名前もあったが、開いてみると全て空っぽだった。怒りがこみ上げ叩きつけようと思ったが、筆跡をよく見ると全て父親であった。「息子の晴れの門出を祝ってやりたいが金がない。せめて祝儀袋でも」と思ってくれたのが分かり、目頭をぬぐった手で、封筒の束を上着のポケットに押しこんだという。

入団して3カ月目に楽団が解散することになり、両親のもとに戻ったが、すぐ生活の糧を求めて働いた。日雇い仕事に出かけ、ガラス工場の手伝い、水飴の行商、牛乳や新聞も配達する生活だった。しかし、歌が好きだから、家々の前に立ち楽器を演奏し歌う門付け芸人になる。これも相方と衝突し長続きはしなかった。もう新潟には居られず、上京し、ギター流しで酒場めぐりをしながら客たちに接すると、客の哀感を身近に知ることができた。

戦後復興期の駅前には小さな飲み屋が無秩序にひしめき、夜になれば男たちが焼き鳥、おでんを片手に焼酎や合成酒で一日の疲れを癒していた。戦争で夫や親を亡くした女たちは、心の影を化粧の下に隠して男たちの酒の相手をした。ある男性は『長崎の鐘』を、ある女性は『星の流れに』を何度もリクエストするのだった。そこには歌があった。喜びや悲しみを旋律にのせて、人の心に染みていく歌があった。このとき彼は大きな気づきを得たのだった。

三曲百円の流しの仕事は不安定ではあったが、男と女の、いや人間の機微を教えてくれた

このときの貧乏暮らしが人間の哀感や機微を教えてくれた。この蓄積が歌に作曲に大いに貢献したことになる。

この後、彼は自分の風貌が歌手向きではないと気づき、作曲家になるためギター演奏を独学でマスターする。そして高校へ行けなかった羨望やふるさとを思い出しながら、『お月さん今晩は』『高校3年生』『北国の春』など大ヒットを飛ばす大作曲家になったのだった。世に送り出した楽曲は5000曲以上（その大部分は演歌）といわれ、舟木一夫、千昌夫、森昌子など多くの歌手を育てた。

注

1古賀政男（作曲家：1904〜1978）掲載：1972年12月6日〜12月31日
昭和期の代表的作曲家であり、ギタリスト。国民栄誉賞受賞者。1904年、福岡県三潴郡（現・大川市）

に生まれる。１９２９年、明治大学（旧制）商学部を卒業。少年時代に弦楽器に目覚め、青年期はマンドリン・ギターのクラシック音楽を研鑽しつつ、大正琴を愛した。流行歌王「古賀政男」になり、国民的な作曲家としての地位を確立し多くの流行歌をヒットさせた。東京音楽学校（現・東京藝術大学音楽部）首席卒業のクラシックの正統派・藤山一郎から、歌謡界の女王・美空ひばりまで、その作品は５０００曲とも言われ、「古賀メロディー」として親しまれている。代表曲に『影を慕いて』『湯の町エレジー』『無法松の一生』『悲しい酒』などがある。

２服部良一（作曲家：１９０７～１９９３）掲載：１９８１年7月24日～8月19日

作曲家、編曲家、また作詞家でもある。ジャズで音楽感性を磨いた和製ポップス史における重要な音楽家の一人である。１９０７年、大阪府大阪市の生まれ。小学生の頃から音楽の才能を発揮したが、学校を卒業後は商人になるため、昼は働き夜は大阪市立実践商業学校に通う日々を送る。流行歌作品、管弦楽曲、声楽曲などの創作を精力的に続ける傍ら、日本レコード大賞の創設にも尽力するなど日本のミュージックシーンの発展に尽くし、死後、作曲家としては古賀政男に次いで二人目の国民栄誉賞が授与された。代表曲に、『蘇州夜曲』『湖畔の宿』『東京ブギブギ』『青い山脈』などがある。

３吉田正（作曲家：１９２１〜１９９８）掲載：１９８５年７月３日〜７月31日

国民歌謡作曲家。生涯作曲数は２４００曲を超える。都会的で哀愁漂うメロディーは都会調歌謡と称され、ムード歌謡から青春歌謡、リズム歌謡まで幅広く手掛けた。また、鶴田浩二、三浦洸一、フランク永井、松尾和子、橋幸夫、和田弘とマヒナスターズなど多くの歌手を育て上げ、日本歌謡史の黎明期を支えた一人である。日本音楽著作権協会会長、日本作曲家協会会長、国民栄誉賞を受賞。１９２１年、茨城県多賀郡高鈴村（現・日立市）に生まれる。１９３９年、日立工業専修学校卒業。１９４２年陸軍に入隊し、満州国へ。終戦後、同時にシベリアに抑留される。抑留兵の一人が『昨日も今日も』という詩をつけ、読み人知らずで抑留地に広まり歌われる。（それがのちの『異国の丘』であり、吉田の作曲だった）。代表曲に、『東京ナイト・クラブ』『誰よりも君を愛す』『いつでも夢を』『有楽町で逢いましょう』などがある。

③「貧乏の辛さと恨み」

市村清（理研光学工業社長：１９００〜１９６８）掲載：１９６２年２月21日〜３月20日

市村は一時「経営の神様」と評され、多くの経営者を集めた「市村学校」は有名である。１９００年、佐賀県生まれ。１９２９年、理研感光紙代理店を経て１９３６年、理研感光紙（のちの理研光学工業。現・リコー）代表取締役。１９４５年、三愛創立、三愛をモットーに明治記念館、日本リースなどリコーを中心とする「三愛グループ」を率いた。１９６８年、新技術開発財団を設立した。

彼はアイデアマンとして多くの事業に成功し、会社を経営するようになる。そして「経営の神様」として一時マスコミの寵児となり、若手経営者や著名文化人が市村を取り巻いて彼に教えを乞うた。世間はこれを「市村学校」と呼んだが、彼は佐賀県の一貧農の子に生まれ、学校へもろくにやってもらえない境遇に育った。

市村が９歳の頃、貧しいためとても上の学校になぞ行く望みはなかったが、ある日、彼の祖父が「お前は学校の成績がいいけれども、とても上の学校に出してやれそうもない。しかし学校へ行ける一つの方法を教えてやる」と言い、メスの子牛を一頭買ってくれた。「その牛は次々に子を産んで、お前が中学や大学へ行く頃には何頭かに増えるだろう。それを売れば学校に行けるから」ということだった。

市村はすっかりうれしくなり、それからというものは、夢中になって子牛の世話をした。一銭、二銭のこづかいをもらうと、それをためる。正月やお祭りのときでも遊び道具や見世物も我慢し、こづかいをためた。牛にやるオカラや飼料を買うためである。自分でも草を刈ったりさつま芋のつるを集めて食べさせたりした。

幼いながらもあらゆる忍耐を自分に課して牛をかわいがった。しかし、思いもよらない事情から、この愛牛との辛い別れがやってきた。家の借金が払えなかったからだ。それを次のように語っている。

一、二年すると子牛は実にりっぱな雌牛に成長した。そろそろ子も産めるようになったある日のこと、私の家に『シッタツリ』という人がきて、私の牛を持っていくという。私はびっくりした。『この牛はおじいさんから僕がもらって、おこづかいをためて育てたんだ』と、くやしさのあまり執達吏にかみついたのを覚えている。とうとう祖父に『しかたがないのだよ。お国で決められたことなのだから、我慢せい』といわれてあきらめたが、心中ではどうしても納得がいかなかった。

秋の夕暮れ時の道を、たんせいこめた牛が長い影をひいて引かれてゆくのを、涙をこらえながら、村はずれまでついて行き、牛の姿が見えなくなるまで見送っていたが、この出来事のために、なんとなく世の中のことに深い疑問をいだくようになったような気がする

後年、成人して地方銀行の給仕を振り出しに苦労を重ねるが、戦後、富国徴兵保険（現・富国生命）セールスとして再出発し、赴任先の熊本で抜群の成績を上げる。理化学研究所の大河内正敏に見込まれて理研へ入り実績も上げるが、大河内に反抗して辞表提出もあった。一見順

風に見えながら、波の下では常に貧乏の辛さとそれを克服しなければ生きていけない自戒があった。そこには山と谷の交錯した複雑な人生であったという。

最後は、リコーコンツェルンの総帥となり、「市村学校」の校長として、多くの有名経営者と子弟を抱えたが、市村が納得のいかないかぎり、権力や金力に対して徹底的な反抗を試みて譲らないようになったのは、この事件が大きく影響していると思えるのだった。

④「金の奴隷にはなるな」

江崎利一（江崎グリコ社長：1882～1980）掲載：1963年8月16日～9月9日

江崎グリコの創業者。「一粒三百メートル」のキャッチフレーズで成功し、戦後、「アーモンドチョコ」「ワンタッチカレー」で成長する。

1882年佐賀県に生まれ、1897年小学校高等科を卒業し、家業の薬の商売の他、朝食前の塩売りも行った。

江崎はオマケ商法の先駆者で、大正4年（1915）にはぶどう酒の樽買いを始めて小分け販売で成功し、同7年（1918）には大阪に出張所を出すまでになった。

その後、有明海で採れる大量の牡蠣の煮汁廃液には多量のグリコーゲンが含まれるとして、これをお菓子として事業化したのが濃厚栄養剤の「グリコ」だった。この商品とオマケ商法などのアイデアで大躍進を遂げる。

昭和9年（1934）、グリコの事業からようやく年間50万円の純益を得る見通しがついたので、彼はその一部を社会還元に役立てたいと考えた。これが財団法人「母子健康協会」だったが、この設立の背景には、少年時代に受けた父親からの訓戒があったという。

私の生家は貧しく、その貧しさの中で父は次のように私をさとした。

「金を借りている人の前では、正論も正論として通らぬ。正しい意見を通すためにも、まず貧乏であってはならない。浪費をつつしみ、倹約につとめ商売に精を出して、ひとかどの資産を積んでもらいたい。しかし、くれぐれも注意したいことは、金を作るために金の奴隷になってはならない。世の人から吝嗇といやしめられてまで金を作ろうとしてはならない。そして金ができたら、交際や寄付金は身分相応より少し程度を上げてつとめていけ。それで金をこしらえていくのでなければ、立派な人間とはいえない」

一般的に「息子は父親に、娘は母親に反抗する」と言われる。

特に男性の場合、独立心が強いことから、父親とよく衝突をする。しかし、「親父の小言と冷酒はあとで効く」と言われるように、あとあと考えると「父親の訓戒を守っておればよかった」と後悔することも多々あるのである。

彼の場合は、父親の「浪費をつつしみ、倹約につとめ商売に精を出す」「金の奴隷にはなるな」の訓戒を守って商人の王道を歩んだことになる。

3．ぐうたらと訣別

遠藤周作（注4）の作品に『ぐうたら人間』がありますが、彼の場合は敬虔なカソリックのクリスチャンとしての反動行為、彼に言わせれば「息抜きのあくび」のようなぐうたら行為に思えます。しかし、人間誰しも責任ある立場になると、一大決心をして人生に立ち向かうことになります。

「追いつめられた気づき」

森繁久彌（俳優：1913～2009）掲載：1979年9月17日～10月14日

俳優、歌手、コメディアン、元NHKアナウンサー。昭和の芸能界を代表する国民的名優であり、映画・テレビ・舞台・ラジオ・歌手・エッセイストなど幅広い分野で活躍した。１９９１年に大衆芸能分野で初の文化勲章を受章。

森繁は１９１３年、大阪府で生まれ、名門の裕福な家庭で育ったが、家系は複雑だった。父・菅沼達吉は日本銀行大阪支店長、大阪市高級助役、大阪電燈（現・関西電力）常務を歴任した有名実業家であり、母の愛江は大きな海産物問屋の娘であった。２歳のときに父が死去。長兄の弘は母方の実家の馬詰家を継ぎ、次兄の俊哉はそのまま菅沼家を継ぐ。彼は小学校１年生のときに、母方の祖父で南海鉄道の鉄道技師であった森繁平三郎の家を継ぎ、森繁姓となった。

彼は旧制北野中学から早稲田第一高等学院に進み、１９３４年（昭和９年）に早稲田大学商学部へ進学するが、裕福であったので学業などどこ吹く風で遊びに耽る。ちょうど新宿にムーランルージュができた頃で、彼は頻繁に通い、神楽坂、渋谷、池袋にも出入りするようになる。そのときの池袋の芸者の花代はいくら、渋谷はいくら、神楽坂はいくらと1泊朝食・朝風呂付き代金まで細かく「私の履歴書」に書いてくれている。この代金はツケがきくのを幸いに花柳界の芸にも明るくなり、三味線でザレ唄をうたったり、新内流しにつつみ銭を投げて人気どりなども質屋通いでしたという。

部活では拳闘部に無理やり入れさせられ、毎日顔といわず腹も胸もメッタ打ちされて鼻血を出し、最後に「ありがとうございました」と言わされるバカらしさに退部する。そこで演劇研究部（略称：劇研）に入部しこの劇研の誘致ポスターを東京女子大に貼ると、後に妻となる女性が入会してくれる。彼も彼女も学生だったので、結婚しても世間体を気にして妹ということで、大久保の自宅に引き取って兄弟３人と一緒に暮らすことになる。

しかし、彼は大学3年生に必修とされていた軍事教練を拒否して大学を中退する。東京宝塚劇場（現・東宝）に入社し、東宝新劇団、東宝劇団、古川ロッパ一座と劇団を渡り歩いて下積み生活を過ごした。そして、１９３８年（昭和13年）軍隊に召集されるが、耳の大手術をした後だったため即日免除となった。

そこで26歳のとき、ＮＨＫアナウンサーに応募。合格し満州国へ赴任となったが、朝鮮をすぎ、鴨緑江を渡ると大地の広さに日本社会との違いをはっきりと認識した。知人もいない、助けを求める人もいない。自分以外に妻も子どもも頼るものがいないのだとハッキリ分かり、彼はいままでの「ぐうたら」と訣別する一大決意する。その３つを次のように書いている。

その一つは、何でもいいから文句をいわず人の二倍から三倍働いてやろう。

その二は、今からでも遅くはない、出来るだけの勉強をして、無為に流れた青春の日々

を取り戻そう。
その三は、一切の過去を、良かれ悪しかれひっくるめて忘却の淵に捨て去ろう。親がえらかろうが、先祖がどうだろうが、俺の血の中にこそ遺産はあっても、俺がよくなるのも悪くなるのも、この地ではこの自分の力しかない

大悟一番、この気づきが彼の転機となる。満州で努力した結果、次第に周囲から実力を認められていく。そして彼が得た教訓は……。

人生には、二度や三度はチャンスがくるのだ。意味なく生きている筈はない、人間が人間の為に造った社会なのだから。いたずらにあせっても、運は向うから来るもので、ただ眼をふさいでいては見そこなうことがあるということだ

彼は帰国後、舞台やラジオ番組の出演で次第に喜劇俳優として注目され、映画『三等重役』『社長シリーズ』『駅前シリーズ』で人気を博した。人よりワンテンポ早い軽快な演技に特色があり、自然な演技の中で喜劇性を光らせることができるユニークな存在として、後進の俳優たちにも大きな影響を与えた。また、『夫婦善哉』『警察日記』等の作品での演技が高く評価され、シリアスな役柄もこなした。映画出演総数は約２５０本を超える。舞台ではミュージカル『屋根の上のバイオリン弾き』で主演し、上演回数９００回・観客動員約１６５万人の記録を打ちたて、演劇界のあこがれの存在となったのだった。

注

４遠藤周作（作家：１９２３〜１９９６）掲載：１９８９年６月１日〜６月30日
小説家。随筆や文芸評論や戯曲も手掛けた。各種文学賞の受賞、文化勲章受章。１９２３年、東京巣鴨に生まれる。１９４８年慶應義塾大学仏文科を卒業後、１９５０年にフランスのリヨンへ留学。帰国後は批評家として活動するが、１９５５年半ばに発表した小説『白い人』が芥川賞を受賞し、小説家として脚光を浴びた。第三の新人の一人。キリスト教を主題にした作品を多く執筆し、代表作に『海と毒薬』『沈黙』『侍』『深い河』などがある。１９６０年代初頭に大病を患い、その療養のため町田市玉川学園に転居してからは「狐狸庵山人（こりあんさんじん）」の雅号を名乗り、ぐうたらを軸にしたユーモアに富むエッセイも多く手掛けた。

4. 妻の死

人生で肉親の死ほど辛いものはありません。なかでも長年苦楽を共にしてきた伴侶の死はもっとも辛いものです。夫婦となり家庭をもつとそれぞれが役割分担をして生活を始めます。その期間が長ければ長いほど、その分担の依存度が高くなります。その一方の存在が自分の体の一部になっているため、その伴侶の死となると暗澹（あんたん）たる気持ちとなり、茫然自失となります。そんな辛い気持ちをつぎのように語ってくれています。

「片腕をもがれる」

中村歌右衛門（六代目・歌舞伎役者：１９１７～２００１）掲載：１９８１年3月2日～3月31日

戦後を代表する歌舞伎役者。生涯を通じて歌舞伎に専念し、戦後の女形の最高峰と呼ばれた。

１９１７年、東京生まれ。五代目中村歌右衛門の次男として生まれる。幼少時に母親の実家、河村家に養子入りしたため、本名は河村藤雄となる。父・五代目歌右衛門は歌舞伎座幹部技芸委員長として当時の劇界を牽引する大役者であり、御曹司として何不自由ない幼年時代を過ごした。この頃、先天性の左足脱臼が悪化して数年寝こみ、大手術を行ってやっと歩けるようになったといわれる。そのため、歌右衛門の左足の動きは終世ぎこちなかった。

中村は1939年、父親の舞踊中村流の名取で市会議員の娘・平野つる子と結婚する。当時、彼はその輝くような美貌が有名で、若手の中では三代目尾上菊之助（後の七代目尾上梅幸）（注5）と並び称されたが、それだけではなかった。吉右衛門が得意とする義太夫狂言に多く出ることで、演目に対する解釈を深め、役柄をしっかりと把握、古典的な様式美に近代的な心理描写を加えた表現手法を着々と身につけていった。そして1951年に名優父の名跡・六代目中村歌右衛門を襲名した。

彼が順調に名声を上げ始めた4年後、1955年頃から妻・つる子の体力が衰え、徐々に衰退して1957年7月に亡くなった。18年間の短い結婚生活だった。彼は「私がいうのもおかしいことですが」とことわって、次のように追悼している。

つる子は性質は温和で、家庭のことや芝居のことなど何もかもわきまえていながら出しゃばらず、素直で誠実なところがあり、人に好かれるタイプでした。その誠実さがわざわ

いしたと申しましょうか。戦争中の食糧難、疎開、終戦後の混乱の時代を通じて何の不服もいわず無理をして家事をきり回していました。そういう心身ともに重なる苦労がつもりつもって衰えて行ったわけです。それを思うと不びんでなりません

当時、彼は新宿第一劇場で夜の部『四谷怪談』に出ていたが、夕刻、妻の容態が急変したことを知らされ、急遽自宅に駆けつけたが、すでにこと切れていた。涙ながらに妻の死に顔に化粧をしてやり、劇場にとって返したという。そのときの辛い心情を次のように吐露している。

役者は舞台は戦場だから出演中は肉親の死に目にもあえないことはよく承知していたもののの、家の要であるつる子に死なれてみると、片腕をもがれたような気がいたしました

松竹の永山武臣（注6）会長がこの「履歴書」で、「役者の奥様方は、主人の舞台を気遣い、客やひいき筋の応対をし、時にはせりふの手伝いまでする。歌舞伎は奥様方の力で支えられている」と書いているが彼女の場合は家事の他、子どもの教育や弟子たちの心配りも日常必要だったため、彼が「片腕をもがれたような気」がしたということの箇所を、私は深く理解し同情することができた。

この夜、松竹の大谷竹次郎(注7)社長が弔問に来られ、自分も長男を中禅寺湖で亡くし、仕事も何も捨ててしまいたいと思ったが、彼の父（五代目歌右衛門）の説得で仕事に立ち戻ることができたと慰められた。この慰めと激励が彼に「嘆き悲しむばかりを妻は望まない。立派な役者になることが妻への償い」と悟らせた。そしていっそう彼を舞台一途に努めさせることとなった。それは妻の死後の寂しさを紛らわすためでもあった。そして戦後の女形の最高峰といわれる存在になったのだ。

注

5尾上梅幸（七代目）（歌舞伎役者：1915～1995）掲載：1979年3月1日～3月30日
1915年、東京赤坂で生まれる。昭和を代表する女形で、六代目中村歌右衛門と並び称された。古風な面長の美貌をもつ歌右衛門が、時代物を得意とし、重厚な芸風であったのに対し、丸顔でふっくらとした面差し・体つきであった梅幸は、世話物のすっきりとした演技に本領を発揮した。娘役では清楚さが際立ち、中年以降の役どころでは母性や優しさを感じさせた。また、父・六代目菊五郎の薫陶によって若衆役も得意とし、特に貴公子では気品の漂う演技を見せた。『忠臣蔵』の判官などは立役の代表作と言える。重要無形文化財保持者各個認定（人間国宝）。文化功労者。長男は七代目尾上菊五郎（妻は女優の富司純子）。

６永山武臣（松竹会長：１９２５～２００６）　掲載：１９９５年6月1日～6月30日

１９２５年、東京生まれ。１９４８年京都大学経済学部を卒業するが、その前年に松竹に入社し、東京劇場監事室に配属された。１９６６年に演劇部長になり、１９６７年、42歳で演劇担当取締役に就任。歌舞伎だけでなく、１９６９年にロック・ミュージカル『ヘアー』を上演したほか、１９８２年には『アマデウス』の日本初演なども手掛けるなど、ミュージカルや翻訳劇にも手を広げ、新派や松竹新喜劇まで含めた幅広い分野の演劇の制作・興行に携わるようになった。一貫して演劇畑を歩みながらも、１９８４年に社長、１９９１年に会長に就任した。国際演劇協会日本センター会長、藍綬褒章者、文化功労者、レジオン・ドヌール勲章シュヴァリエ章と相次いで褒賞されている。

７大谷竹次郎（松竹会長：１８７７～１９６９）　掲載：１９５７年1月27日～2月5日

１８７７年、京都府生まれ。双生児の兄が白井松次郎。女婿がのちの松竹社長、城戸四郎。劇場の売店経営から劇場経営へ進出。１８９５年大谷竹次郎が京都阪井座を買収し、その興行主となる。１９０２年、京都に明治座（のちの京都松竹座）を開設。１９０５年に兄とともに大阪市南区葦原町に松竹合名会社を設立（白井松次郎社長）。のちに東京新富座買収によって東京に進出して以降は、竹次郎が関東、松次郎が関西を受け持った。東京の多くの劇場の経営権を握り、１９１４年、歌舞伎座の社長に就任。１９２０年、松竹キネマ合名会社を設立し、映画界にも進出。松竹キネマは１９３１年に日本初の本格的トーキー『マダムと女房』を上映、小林一三の東宝と勢力を二分した。文化勲章を受章。

５．事実婚の苦悩

事実婚とは、結婚という社会的制約に縛られないで、お互いの家庭生活を尊重しながら同棲生活を送ることと私は理解しています。この同棲生活は本人同士が納得していても、世間的には冷たい目で見られます。それを乗り越えて新たな文化や芸術を創造しようという強い意志がなければこの関係は続きません。いろいろな障害を乗り越えて芸術を高めたお二人を紹介します。

①「強い同志の絆」

新藤兼人（映画監督・脚本家：１９１２～２０１２）掲載：２００７年5月1日～5月31日

映画監督、脚本家。日本の独立プロ映画の先駆者であった。近代映画協会会長。

新藤は１９１２年、広島県生まれで、１９３４年22歳のときに新興キネマに入る。彼の志望していた映画助監督への道は狭く、体が小さいため照明からも敬遠され、現像部でフィルム乾燥の雑役から映画キャリアをスタートする。撮影所の便所で落とし紙にされていたシナリオを発見し、初めて映画がシナリオから全てできているものと知り、シナリオの勉強を始めた。

1951年、『愛妻物語』で39歳にして宿願の監督デビューを果たす。このシナリオはスクリプターで内妻の久慈孝子のレクイエムで書いたものだった。彼はこれを「自分で監督をやらなければ、自分の戦後が始まらない」と思っていた。主演は宝塚出身の大映人気スター〝百萬弗のゑくぼ〟の乙羽信子で、乙羽がこの脚本を読んでどうしても妻の役をやりたいと願い出てきたこと、彼としては愛妻物語のモデルである内妻・孝子と乙羽がよく似ているから、との理由で決めたという。

乙羽さんとは「愛妻物語」で出会い、「原爆の子」で同志となり、男女の関係を結んだ。この時わたしには妻子があり、乙羽さんは一生日陰の人でいいから、と全身を投げ出してきた。わたしは善良な妻を裏切ることに苦しみながら、これをうけた。乙羽さんが最初の妻、久慈孝子にそっくりだったからだ。（中略）

乙羽信子とは二十七年間男女の関係を続け、妻と離婚して、四年後その妻が亡くなり、その翌年結婚した。結婚生活は十七年続いた。（中略）

仕事というものは一人ではできない。とくに集団創造である映画はそうだ。そして深く人間関係を結ばなければ思いは達せられない。（中略）そうして仕事をした。そのために周囲の人を傷つけたことは確かである。わたしは言い訳はしない。自分を正当化したくない

この「同志」という言葉の内容は、1本の映画は3000万円から5000万円で作られることが多いが、彼の独立プロの映画会社はそんな資金はない。やっと3000万円を捻出して撮影に取り組む。この金額でやり遂げる基本原則は、「宿に泊まらない。民家を一軒借りて合宿をする。自動車は使わない、自転車で行動する、炊事・洗濯もスタッフが交代で取り組む。主演俳優、主演女優もギャラはこの予算の中だから出演料は少ない」であった。新しい映画創造に対する熱意と使命感がなければ長続きはしない。周りの多くの協力もあったが、この二人のコンビで、『原爆の子』『裸の島』『鬼婆』『午後の遺言状』など独立プロで海外でも高く評価された名作品を作り出した。お互い強い信頼関係がある同志の絆がないとできないものだった。二人の間は、晩年も「センセイ」「乙羽さん」と呼ぶ信頼する師弟であり夫婦の間柄だった。

②「愛は犠牲」

市川猿翁（歌舞伎役者：1939～）掲載：2014年2月1日～2月28日

俳優、演出家、歌舞伎役者。「猿翁」は隠居名で、49年にわたって使い続けた三代目市川猿之助としても広く知られる。

彼は1939年、東京で生まれ、三代目猿之助を襲名後ほどなくして祖父・初代市川猿翁(注8)（二代目市川猿之助）と父・三代目市川段四郎を相次いで亡くすという悲運に見舞われる。祖父譲りの革新的な芸術志向と上方歌舞伎の伝統であった早替わり・宙乗り・仕掛け物などを採り入れることによって歌舞伎界に新風を吹きこんだ。そして、スピード、スペクタクル、ストーリーの3Sを備えたスーパー歌舞伎を定着させた。また、復活狂言の演出にも工夫を凝らした。欧米の演劇からヒントを得て、時間的には圧縮して、原作の倍以上の内容、量感、面白さを増幅させる趣向の一つとして早替わりや宙乗りを用いた。そこには、映画の『E・T』や『インディ・ジョーンズ』、オペラの舞台、京劇との共演などからヒントを得て演出や役作りに生かしていた。スーパー歌舞伎の『新・三国志』では、スペクタクルシーンの赤壁の戦いで巨船が折れて燃えながら沈むシーンは映画『タイタニック』から着想した。火事場の屋台崩し、本水使用の大立ち回り、京劇陣の超アクロバットの見せ場を盛りこみ、歌舞伎史上初めてとなるオーケストラ演奏も取り入れた。スーパー歌舞伎が喜ばれるのは、①現代人にも分かる現代語採用、②ファッションショーのようなビジュアルなもの、③最先端の技術を使う、④主演と演出を兼ねる、などの要素で構成されているためだ。

しかし、彼がこのような革新的な歌舞伎を創造し続けていくには、これを支えてくれる同志であり、戦友が必要であった。それは、彼が12歳の頃六代目藤間勘十郎師に入門したときの家元夫人であり、彼より16歳年上の名舞踊家・藤間紫だった。彼は27歳のとき、宝塚出身の女優浜木綿子と結婚したが、1児をもうけて2年後に離婚している。その後、彼と藤間紫との同棲生活が始まり、それは35年にも及んだ。１９８５年に彼女が藤間勘十郎との離婚が成立したので、２０００年、正式に結婚した。しかし、２００３年に彼は脳梗塞を発症する。そのとき彼女が献身的に介護を行い、彼の舞台復帰を支えたが、２００９年に彼女が肝不全のため85歳で死去している。彼は自分を支えてくれた藤間紫を次のように追悼している。

紫さんは踊りの師であり、猿之助歌舞伎の同志であり、公私ともに最高のマネジャーであり、頼もしい戦友であった。人生で最も大切なのは愛で、愛は犠牲だと教えてくれた。表に出ず「どんな悪者といわれてもかまわない。それよりも猿之助さんの信頼をなくしたくない」と口にしていた。（中略）

互いの意思（遺志）を貫くため入籍は大切と考え、奮闘公演30回、猿之助130年の節目にあたった2000年に承諾してもらった

それにしても、世間体もある16歳の年齢差を越えた二人の強固な結びつきは、新しい歌舞伎を創造するという共通使命に共鳴し合った形なのだろう。「愛は犠牲だ」は二人の強い同志愛の共通認識だった。

注

8 初代・市川猿翁（二代目市川猿之助）（歌舞伎俳優：1888〜1963）掲載：1958年10月27日〜11月13日
日本俳優協会の初代会長。日本芸術院賞を受賞。1888年、東京浅草生まれ。明治から戦後昭和にかけて活躍した歌舞伎役者。「猿翁」は舞台で使われることが一度もなかった隠居名の名跡で、しかも改名直後に本人が死去したため実績もまったくない。逆に「猿之助」の方は53年にわたって名乗り続けた名跡で、これが今日でも彼が二代目市川猿之助として語られている。当代の二代目市川猿翁（三代目市川猿之助）と四代目市川段四郎の兄弟は孫にあたる。

第4章

マイナスの境遇・運命を乗り越えて

境遇とは本人の意志だけではどうすることもできない諸環境をいう。生まれた国、育った家庭、時勢、世情などの環境が考えられるが、それにしても「私の履歴書」の登場者は、それぞれの複雑な境遇にどのように対処していったのでしょうか？

1．数奇な運命

太平洋戦争で敗戦となると中国や満州、朝鮮で生活していた人たちは、上流生活者であれ、そうでなくてもほとんど無一文で日本に引き揚げてきました。しかし、終戦時の立場により、それ以後の人生が過酷で悲惨になった人が多くいました。

①「国策に翻弄される」

山口淑子（参院議員・女優：1920〜2014）**掲載：2004年8月1日〜8月31日**

日本の歌手、女優、政治家である。さまざまな名前で活動し、戦前の中国（中華民国）と満州国、日本、戦後の香港で李香蘭（りこうらん、リ・シャンラン）、第二次世界大戦後のアメリカ合衆国ではシャーリー・ヤマグチの名で映画、歌などで活躍した。

山口は1920年、満州（現・中華人民共和国遼寧省）・奉天で生まれた。南満州鉄道（満鉄）で中国語を教えていた佐賀県出身の父・山口文雄と福岡県出身の母・アイの間に生まれ「淑子」と名付けられる。

彼女は親中国的であった父親の方針で、幼い頃から中国語に親しんだ。小学生の頃に家族で奉天へ移住し、その頃に父親の友人であり家族ぐるみで交流のあった瀋陽銀行の頭取・李際春将軍（後に漢奸罪で処刑される）の、義理の娘分となり、「李香蘭（リ・シャンラン）」という中国名を得た。日本語も中国語も堪能であり、またその美貌と澄み渡るような歌声から、奉天放送局の新満州歌曲の歌手に抜擢され、日中戦争開戦の翌1938年（昭和13年）には満州国の国策映画会社・満州映画協会（満映）から中国人の専属映画女優「李香蘭」としてデビューした。映画の主題歌も歌って大ヒットさせ、女優として歌手として、満州国で大人気となった。

また、日本でも1940年（大正15年）に東宝から人気ナンバーワン俳優の長谷川一夫（注1）とコンビを組み映画『支那の夜』『熱砂の誓い』『白蘭の歌』の大陸3部作に出演した。3作とも長谷川の日本人青年と中国娘という設定で、ハッピーエンドのラブロマンスだった。彼女が映画で、強情をはり長谷川に平手打ちを受けて、彼への恋心に目覚めるシーンがある。このときには彼女は気がつかなかったが、後にゾッとするような民族的価値観の違いを教えられた。

日本では男が女を殴り、殴られた女が男の真心に気づいて愛に目覚めるという表現が成り立つ。しかし、中国人にとって映画の中とはいえ中国人が日本人に殴られるのは屈辱であり、まして殴られた中国人がその日本人に好意を抱くとなると二重の屈辱と感じる。そのことに当時の日本人は気がつかなかった

満州映画協会の二代目理事長の甘粕正彦の引き立てもあり、清朝王族の第14王女で「男装の麗人」「東洋のジャンヌ・ダルク」などと呼ばれた川島芳子や日本の政界、財界、軍部官僚などとの交流が時代に押し流されるように続いた。

そして終戦。彼女はそれまでの行為・行動に対して、国民政府軍から漢奸裁判にかけられる可能性が出てきた。漢奸とは、中国人でありながら国を裏切り外国の手先となった者で、最高刑は死刑である。罪状は、彼女が中国人女性として「大陸3部作」などに出演し、日本人の若者に恋する役割を演じて中国に屈辱を与えたというものだった。彼女が無罪を勝ち取るには「李香蘭は日本人である」という物的証拠が必要だった。

これを、奉天時代の幼なじみのユダヤ系ロシア人であるリューバが助けてくれた。リューバは戦勝国ソ連の国民であるため、行動が自由で北京で収容されている彼女の父親から「戸籍謄本」を彼女に送ってくれ、無罪判決を得ることができた。まさにリューバは彼女にとって「命の恩人」だったが、考えれば不思議なつながりでもあった。しかし、川島芳子は「日本人である」という戸籍謄本を入手できなかったため、銃殺刑となったのだった。

この時代、この難しい環境に育った彼女は、自分の意志で行動することができたのだろうか？ すべて日本国と満州国のはざまで、時代の大きな流れに押し流されながらも自分の良心に従い生きてきたひとりの女性の数奇な運命だった。しかし戦後は、自分の意志どおり行動でき、ニュースキャスターや政治家となり、華麗な生活を終えた。

②「捕虜として強制労働」木下又三郎（本州製紙社長：1889〜1977）掲載：1969年4月18日〜5月20日

本州製紙社長（現・王子製紙）のち会長。包装界に対する多年の功績を記念して「木下賞」（3部門）が創設されている。

木下は1889年、愛知県に生まれ、1916年に東京大学を卒業し、本州製紙に入社する。1920年、樺太（現ロシア・サハリン州）に赴任して終戦まで一貫してパルプ生産に従事する。そして戦後シベリアに抑留された。それは第二次世界大戦の終戦後、武装解除され投降した日本軍捕虜らが、ソ連によって主にシベリアに労働力として移送隔離されが、そこに組み入れられたものであった。

この長期にわたる抑留生活と奴隷的強制労働により多数の人的被害を受けた。また、零下20度以下にもなる厳寒環境下で満足な食事や休養も与えられず、苛烈な労働を強要させられたことにより、多くの抑留者が死亡した。

彼はそのとき56歳であったが、敗戦にともない樺太の日本人絹パルプ会社社長から一雑役夫としてシベリアに抑留された。極寒地方に抑留4年半、屈強な同邦人がいやがる死体運搬、糞尿処理などの重労働に従事させられたのち、帰国が許された。

帰国の約束を何度も反古(ほご)にされ絶望を幾度となく経験したのち、やっと昭和25年（1950）4月にナホトカから、日本の帰還船「明優丸」に乗ったときは、嘘か本当か、うれしいのか悲しいのかも分からないただ茫然とした気持ちだったようだ。

舞鶴港に着いて会社関係の人や家族なども面会に来てくれた。やっと会えた。ありがたいと思ったが、そのときの情景を次のように書いている。

妻の顔は、それとすぐわかったが、あとの三人は会社の人だと思って、私は次男に「来

ていただいてどうもありがとうございます」と頭を下げてお礼を言った。「おとうさん僕ですよ、健二ですよ」とその男は言った。よく見るとなるほど次男だった。別れるとき中学生だった次男は、四年半の間にすっかりおとなびて背広姿の青年になっていた。

妻は、前より少しやせて見えた。私は妻にも何か言おうとしたが、四年半も別れていると、昔のように親しいことばが出ない。おかしな話だが、私は妻に向かって「どうも長い間、ありがとうございました」と言って頭を下げた。妻はただ涙するばかりであった

この箇所を読んだとき、私は涙が溢れ出てしまった。彼は奥様に「長い間、心配かけてすまなかった。子どもたちを立派に大きく育ててくれてありがとう。申し訳なかった。本当にありがとう、ありがとう」と手を取って感謝をしたかったにちがいない。

しかし、長年の奴隷的な強制労働で会話も少なかったため、感情を素直に表現できなかっただろうと思うと、よけい彼が気の毒に思えたのだった。

捕虜としての強制労働は運命として素直に受け入れざるを得ない。しかし何としても「帰国して生きたい」という強い願望をもっていたので忍耐することができた。家族や会社への帰属意識が彼を強くさせたと思える。

この後、彼は苫小牧製紙副社長として復帰し、昭和31〜44年、本州製紙社長ののち会長となり、戦後の製紙産業発展に尽力したため、「木下賞」（3部門）が創設された。

2. 周囲の好意と協力

事業の成功や自分の念願達成に、ほとんど自力で運命の扉を切り開いていく型と周囲の好意や協力で進む機会が与えられ、おのずと扉が開いてくれる型の二つがあります。ここでは周囲の好意や協力で進む機会が与えられ、おのずと扉が開いてくれた非常に珍しい2例を紹介します。

①「私をこの道一本に導いてくれた」

竹鶴政孝（ニッカウヰスキー会長：1895〜1979）掲載：1968年5月30日〜6月26日

日本の実業家。ウイスキー製造者、技術者。ニッカウヰスキーの創業者であり、サントリーウイスキーの直接的始祖。これらの業績から「日本のウイスキーの父」と呼ばれる。

竹鶴は1895年、広島県に生まれ、大阪高等工業学校（現・大阪大学）の卒業を春に控えた1916年3月、新しい酒である洋酒に興味をもっていたので、当時洋酒業界の雄であったた大阪市の摂津酒造を訪ねた。それは卒業を待たずに押しかけ入社の形だった。摂津酒造の阿部喜兵衛社長は、彼の仕事ぶりを見て、将来性を見込み「ウイスキーの技術習得のための英国留学」を取り計らってくれた。

そして、英国では、グラスゴー大学のウィリアム博士やイネー博士らの懇切丁寧な理論と実地指導を受けることができた。

しかし、4年間の技術習得を終え帰国すると日本には不況のあらしが吹いており、摂津酒造も経営難に陥っていた。彼が望む本格モルトウイスキー醸造計画は経営会議で否決され、辞表を提出する。そして浪人生活をしばらく送っていると、1929年、鳥井信治郎に「ウイスキーづくりを任せる」と請われ、寿屋（現・サントリー）山崎蒸溜所初代所長として、日本初の本格スコッチ・ウイスキー製造を指揮することになる。

10年後、より本格的なスコッチの製造を指向して大日本果汁（現在のニッカウヰスキー）を興した。このときも彼の念願だったカフェ・グレーンの醸造機器を日本で初めて備えるのに朝日麦酒・山本為三郎社長の積極的な援助があったという。このようにウイスキーづくりの環境が整い、彼が専心努力した結果、あくまでも品質にこだわり続けた専門技術者として知られるようになった。彼は後年、お世話になった方々につぎのように感謝の念を述べている。

こうして考えてみると、私はウイスキーづくりに精進できたのは皆さんの協力が運命のとびらを次々とあけていって、おのずと私をこの道一本に導いてくれたといっても過言でないのである

実際には本人の努力と周囲の協力が相まって運命の扉が開くと思われるが、彼の人柄と「志の高さ」が周りをしてできるだけ協力してやろうという気持ちにさせたのだろう。私はこれを読んでいて、彼はほんとうに幸せな人だなぁと思えた。

余談だが、彼がウイスキーの芳香を人一倍きき分けられるのは、8歳のとき、2階の階段から転がり落ちて鼻を強打し失神したからだという。そのとき一面が血だらけになり7針も縫う重傷だったが、それを機会に鼻の嗅覚が敏感になったそうだから、これも怪我の功名で運命に幸いしたことになっている。

②「いつも温かい手が」

小澤征爾（指揮者：1935〜）掲載：2014年1月1日〜1月31日

ウィーン国立歌劇場音楽監督などを務めた世界的な指揮者である。主な経歴は、ウィーン・

フィルハーモニー管弦楽団・ベルリン・フィルハーモニー管弦楽団名誉団員、ボストン交響楽団音楽監督、セイジ・オザワ 松本フェスティバル総監督、新日本フィルハーモニー交響楽団名誉指揮者など。

小澤は１９３５年、満州国奉天市（現・中国瀋陽市）に生まれる。１９５１年、成城学園高校に進んだが、齋藤秀雄の指揮教室に入門したため、１９５５年、齋藤が教授を務める桐朋学園短期大学（現・桐朋学園大学音楽学部）へ進学し、１９５７年夏に同短期大学を卒業する。

彼は音楽をやるなら外国へ行って勉強したいと思ったが、しかしその金もない。桐朋の友人たちは次々と外国に留学していく。ジリジリしながら、何とか留学できないかと八方手を尽くすが、はかばかしい答えがないまま、時間だけが過ぎていった。そこに彼の才能と人柄を見込んだフジサンケイグループ総帥の水野成夫、日興証券会長の遠山元一（注１）、三井不動産社長の江戸英雄（注２）らから資金や乗船券、スクーターなどを支援してもらい、24歳で欧州に単独バイクの武者修行に出かける。

現地での窮状の際も、そこに来られた作家の井上靖（注３）、評論家の小林秀雄、彫刻家のイサムノグチ、流政之（注４）など有名人が陰に日向に応援している。これには彼の父親の人脈も大きく影響しているが、彼の人徳でもある。

1959年、パリ滞在中に第9回ブザンソン国際指揮者コンクール第1位となると、ヨーロッパのオーケストラに多数客演することができた。そして、カラヤン指揮者コンクールで第1位になると指揮者のヘルベルト・フォン・カラヤンに師事できるようになった。また、同時期の1961年にはニューヨーク・フィルハーモニック副指揮者に就任し、指揮者のレナード・バーンスタインにも師事が許された。この成功と名声とともに1961年日本に帰り、NHK交響楽団を指揮することとなった。しかし、彼の未経験のブラームスやチャイコフスキーの交響曲を指揮した際には、慢心もあり経験不足を露呈した。N響の楽団員の反発もあり、N響から演奏を拒否され、解雇となった。彼がショックで精神的に落ちこみ、悲嘆に暮れていたとき、彼を応援してくれている人たちが「小澤征爾の音楽を聴く会」を日比谷公会堂で開いてくれた。そのときの様子を次のように語っている。

発起人は今でも信じられない面々だ。浅利慶太さん、石原慎太郎さん、一柳慧さん、井上靖さん、大江健三郎さん、武満徹さん、團伊玖磨（注5）さん、中島健蔵さん、黛敏郎さん、三島由紀夫さんたち。音楽に関係のない人も大勢いた。演奏は日本フィルハーモニー交響楽団。ヨーロッパ行きでお世話になった水野成夫さんが作ったオケだ。苦境を支えてくれたこの人たちのことを、僕は一生忘れない

この感謝の気持ちからこの後、決意を新たにして再び渡欧し、ウィーン・フィルハーモニー管弦楽団、ベルリン・フィルハーモニー管弦楽団の名誉団員を務めた。その後、ボストン交響楽団音楽監督など華々しい実績を上げ世界の指揮者として評価されるようになった。これも日本の有力者に限らず巨匠で師のカラヤンやバーンスタインらの実力者の引き立てがあり、多くの人の力が彼の支えになったからだ。しかし、そのようになったのも彼の才能と人柄が素晴らしかった証拠だろう。

注

1遠山元一（日興証券会長：１８９０～１９７２）掲載：１９５６年６月20日～６月28日
日興証券の創業者で初代会長。美術品蒐集家としても名高い。１８９０年、埼玉県比企郡（現・川島町）に生まれる。父親の放蕩により生家が没落したため、高等小学校卒業後、16歳で東京日本橋兜町の半田商店に雇われ丁稚奉公をする。１９１８年に独立し、川島屋商店（のちの川島屋証券）を創業。１９４４年、川島屋証券と旧日興証券との合併により日興証券社長に就任。１９５２年、同社会長に就任。１９６４年に会長を退くまで戦後日本の証券業界の近代化に尽力し、遠山天皇と呼ばれた。日本証券業協会連合会会長などの要職を歴任。1968年、故郷の豪邸を法人化して財団法人遠山記念館とし、敷地内に美術館を建てて長年にわたって蒐集した貴重な美術品を収蔵している。

2江戸英雄（三井不動産会長：1903〜1997）掲載：1980年5月3日〜6月2日
三井不動産の復興に尽力し、社長、会長職を務めた。また、東京ディズニーランド、筑波研究学園都市の建設にも力を注いだ。1903年、茨城県筑波郡（現・つくば市）に生まれる。1926年、東京帝国大学法学部卒業と同時に三井財閥の本部機構である三井合名会社に入社。1947年、三井不動産に入社。1955年、代表取締役社長に就任。戦後屈指のディベロッパー（都市開発者）で東京や千葉に日本を代表するランドマークを残した。長女が江戸京子（小澤征爾と結婚、のちに離婚）であり、桐朋学園音楽科の後見人として政財界や建築業者へのパイプ役を務めた。

3井上靖（作家：1907〜1991）掲載：1977年1月1日〜1月31日
小説家。文化功労者、文化勲章受章者。1907年、北海道上川郡（現・旭川市）に生まれる。1936年、京都帝国大学を卒業し、毎日新聞大阪本社に入社。1951年、毎日新聞社を退社。以後、創作と取材講演のための旅行が続く。小説は現代を舞台とするもの（『猟銃』『闘牛』『氷壁』他）、自伝的色彩の強いもの（『あすなろ物語』『しろばんば』他）に加え、歴史に取材したものに大別される。歴史小説は、日本で特に戦国時代（『風林火山』『真田軍記』『淀どの日記』他）、中国ではとりわけ西域を題材にしたもの（『敦煌』『楼蘭』『天平の甍』他）を多く描いた。巧みな構成と詩情豊かな作風は今日でも広く愛され、映画・ドラマ・舞台化の動きも絶えない。歴史作品を中心に各国語に翻訳され、日本ペンクラブ会長時代にはしばしばノーベル文学賞の候補とされた。

4流政之（彫刻家：1923〜）掲載：1987年8月1日〜8月31日

世界的に活躍する彫刻家、作庭家。〝Samurai Artist〟の異名をもつ。1923年、長崎県に生まれる。1936年京都に移り、1942年立命館大学法文学部に進学。その後中退し、海軍予備学生出身の零戦搭乗員として終戦を迎える。その後、世界各地を放浪、独学で彫刻を学び現在に至る。1963年にニューヨーク世界博覧会日本館で壁画「ストーンクレージー」（日本から2500個、600トンの石を運んだ）を展示し話題を呼ぶ。1975年には、ニューヨーク世界貿易センターのシンボルとして約250トンの巨大彫刻『雲の砦』をつくり国際的評価を得る。また、作品『受』はニューヨーク近代美術館の永久保存作品（パーマネントコレクション）として収蔵されており、彼の国際的評価の高さを裏付けている。1967年には、『TIME』誌が選ぶ日本を代表する文化人の一人に選ばれた。彫刻家として活躍するかたわら、庭園の作品も残す。代表作に東京天理教館庭園、皆生温泉東光園庭園などがある。父親は中川小十郎（立命館大学の創始者）である。

5團伊玖磨（作曲家：1924〜2001）掲載：1989年4月1日〜4月30日

作曲家、エッセイスト。日本を代表するクラシック音楽の作曲家の一人である。作曲家としてはオペラ、交響曲、歌曲などのいわゆるクラシック音楽のほか、童謡、映画音楽、放送音楽と幅広いジャンルを手掛けた。1924年、実業家、学者、政治家であった男爵・團伊能の子として、東京・四谷で生まれた。祖父は血盟団事件で殺された三井合名会社理事長の團琢磨である。1945年に東京音楽学校（現・東京藝術大学）卒業し、歌曲集『六つの子供の歌』、管弦楽付き独唱曲二つの抒情詩『村の歌』『小諸なる古城のほとり』を作曲した。1953年、芥川也寸志、黛敏郎と「三人の会」結成。エッセイ『パイプのけむり』は1964年に『アサヒグラフ』で連載を始め、2000年に同誌が休刊するまで連載を続けていた。

3．実母に育てられなかった

幼くして母を亡くした人、いろいろな事情があり実母に育てられなかった多くの人がこの「履歴書」には登場します。その夢にまで見た切ない思いを、一人は作者として戯曲に残し、もう一人は役者として舞台で演じました。

『瞼の母』の誕生秘話（長谷川伸、島田正吾）

長谷川伸の名作『瞼の母』は映画、テレビ、舞台（歌舞伎、新国劇）、浪曲、歌謡曲にもたびたび取り上げられ、国民に感動を与え続けている。私はこの「履歴書」を読んでいて、『瞼の母』の原作者（長谷川伸）とそれを演じる役者（島田正吾）の双方が、芝居と実人生とが重なっているということを知り、驚いてしまった。

『瞼の母』のクライマックスは、生母おはまと対面した忠太郎が、昔の「番場の忠兵衛」という旅籠屋（はたご）について訊ねるシーンである。しかし、おはまはそこへ嫁いでいたこと、息子の忠太郎が5つのときに家を出たことを認めるが、息子は9つで死んだと言い張ってきかない。金目当てだと疑うおはまに、忠太郎は母親が困窮していたら渡そうと思って貯めていた金百両を胴巻きから出して示すが、おはまの冷たい態度は変わらない。忠太郎は落胆して店を去るという場面だった。

①原作者・長谷川伸（1884〜1963）掲載：1956年9月6日〜9月21日

1884年、神奈川県生まれ。実家が没落したため小学校3年生で中退。住みこみの使い走り、人足として働く間に、港に落ちている新聞のルビを読んでは漢字を覚えた。大工や石屋の見習いなどを経たあと、新聞社の雑用係として入社。横浜毎朝新報社、都新聞社の勤務後、作家活動に入る。「股旅物」というジャンルを開発した。

原作『瞼の母』のクライマックスは、実は彼の亡妻（政江）と父親の実話から生まれていた。特に、この亡妻と父親の対面した場面の描写は次のように迫力がある。

その政江には〝瞼の父〟があった。六歳のとき、生まれてそれまで育った、信州木曾の裏のAという村を母と共に逐われて出た。（中略）がA村の名家で豪農の当主の子に生まれながら、政江は、駐在所の巡査（中略）の子として戸籍に登録されていた。（中略）大正九年か十年の秋のこと、政江が、信州の父の夢を三晩も続けて見た、（中略）政江の父は胸まで垂れる髯のある、品のいいおやじである。

が、政江がそのおやじと、客座敷で向きあって話すのを、脇で聞いているうちに私は、こんなところへ来るのではなかったと思い、先方のスキをうかがって政江に聞くと、やはり私とおなじことを感じ取っていたので政江に代って私が、T（父：筆者注）とT家とに告別の言葉を述べて、外へ出た。『瞼の母』の水熊の内で、忠太郎が立ち去ってゆくときの台詞は、そのときの言葉から生まれたものである。つまり、二度と再びおたずね申しは

しませン、まあおたッしゃでお暮しなさいとイヤ味とうらみと情けなさを一つにして言ったのである。私どもは、この屋敷の女房娘が、納戸だか台所だかに立てこもり、一家一門の主なるものを呼び集め、相談をやっているのを、とっくに知っていたのである

このときの情景が「考えてみりゃ俺もバカよ。幼いときに別れた生みの母は、こう瞼の上下ぴったり合わせ、思い出しゃあ絵で描くように見えたものを、わざわざ骨を折って消してしまった」のセリフになったのだった。

また、彼は4歳のとき実母と生き別れとなり、幼児の頃からさまざまな辛酸をなめる。小僧、行商、出前持ち、土木業など次々と仕事を変え、最後は『都新聞』の記者を経て戯曲を書き始める。母と再会できたのは48年後の52歳のときであった。

彼の母を恋うる気持ちは強かった、が実母に会うのをためらったのもこの亡妻との一件が原因であった。それは、親子の再会には「会うのは一瞬の喜びに過ぎず」の事実を目のあたりにした恐れからだった。やっと決心をして73歳の母を訪ねて、異父妹から「母は、無頼漢になった次男（伸）のために、縫物の針の手をとどめ、イエスに祈ることが何度もあった」と聞かされる。別れた児を思いやる母の気持ちを聞き、48年のあいだの母の深い愛情に彼は男泣きに泣いたという。

②役者・島田正吾（1905～2004）掲載：1974年6月22日～7月20日

島田は新国劇の大黒柱・辰巳柳太郎とは「動の辰巳、静の島田」と好対照のライバルとして一世を風靡した。

1905年、神奈川県生まれ。1923年に明星商業学校を中退後、澤田正二郎が率いる新国劇に入団。正二郎の急死後、辰巳と共に主役級に抜擢され、劇団を解散するまで新国劇の大黒柱として活躍した。

優しかった生母が8歳のとき病死した。やがて継母が来てくれ我が子のように可愛がってくれた。しかし、この継母は彼と同い年の男児を前の婚家に残しての再婚で、残してきた実子への思いで彼に愛情を注いでくれたのであった。

彼が12歳のとき、父親が死ぬと継母は家を去り消息を絶った。彼は天涯孤独となり、この母親を求めて涙にくれた経験をもつ。そして後年、彼が役者として名が出てきて『瞼の母』を演じたとき、実子に伴われてこの母親が芝居小屋を訪ねてきた。そのときの感慨を次のように書いている。

「お前、いい役者になったねえ……」と（中略）ほめてもらったことを、千の劇評でほめられたように、うれしく感じた

また、彼の舞台の初演時、原作者・長谷川伸が来てくれ、2階の桟敷席から食い入るように観ていた。彼は忠太郎になって演ずるとき、芝居と現実がダブってしまい、涙ながらの演技となったという。

手ぬぐいで、なんべんもなんべんも涙をぬぐわれた。（中略）芝居半ばで、危うくせりふを絶句しそうになったりした

と書いている。この描写を読んだとき、二人の実話に感銘していた私はこのシーンが目に見えるようで、思わず涙ぐんでしまった。両者の「私の履歴書」を読むことで知り得た、素晴らしい発見だった。

長谷川が「履歴書」最後のページにいろいろな深い人生経験の中から次の『瞼の母』の人生訓を残している。

親に死なれた子には「血の濃さよりも優れた愛情の方が濃いのだ」。別れた親に会いたい子は「人らしい人間になって待つのだね」、別れた子に会いたい親は「人らしい人になっていてやるのだね」と、人生を深く経験した人らしい言葉でした

4. 大惨事

昔も今も人災だけでなく自然災害が多く発生していました。火災は人災ですが類焼となると地域全体が消失してしまうので、被災者の責任を問うわけにはいかない災害となります。次は震災などの大惨事に遭遇した「履歴書」登場者が不屈の闘志でこれに対処した2例を紹介します。

①「逆境に不屈の闘志」

早川徳次（早川電気工業社長：1893～1980）掲載：1962年9月15日～10月12日

日本の実業家・発明家。総合家電メーカー、シャープ創業者。シャープペンシルやバックル「徳尾錠」の発明で知られ、ラジオ、テレビ、太陽電池、電卓でも事業成功した人物である。

１８９３年、東京市日本橋で生まれる。９歳で錺屋（かざりや）（金属細工業）職人・坂田芳松の店で丁稚奉公することになる。そこで金属細工の技術を仕込まれ、ベルトのバックルの一種「徳尾錠」を発明するが、１９１２年９月、19歳で独立する。１９１５年、早川姓に復籍して「早川式繰出鉛筆」の名称で特許を申請し、兄の政治と販売を開始した。しかし、評判は芳しくなく、全く売れなかった。それでも根気よく努力を続けているうちに第一次世界大戦で品薄となった欧米で売れるようになり、海外での高い評価が伝わると日本国内でも注文が殺到し、事業発展の源となった。

ところが大正12年（１９２３）９月１日に発生した関東大震災で工場は壊滅、そして二人の子ども（男子の９歳と７歳）を亡くし、それがもとで妻も半病人となりしばらく後に亡くなる。彼は一瞬にして事業を失い、自分の家庭までもなくした。31歳であった。

悪いことは重なるもので、そのとき関東地区で販売を委託していた日本文具製造（後のプラトン文具：１９５４年廃業）から、特約販売の解消及び「特約契約金１万円と融資金１万円の計２万円」の即時返済を迫られた。難しい交渉の結果、相手企業が事業継承のために早川兄弟商会の主な技術者を雇い、技術移転のため彼自身も技師長として６カ月雇われること等で合意した。

このため一技師長として大阪に移り住むことになった。１９２４年（大正13年）８月、契約を満了して日本文具製造を退社する。彼は大阪で再起を図ることを決意し、関東大震災から1年後の同年（大正13年）9月1日、「早川金属工業研究所」（現・シャープ）を設立した。この出発点を次のように語っている。

再起二年目——大正十四年の春である。運命はまた私に幸いした。その前年末、心斎橋（大阪）のかの石原時計店にアメリカから輸入されたラジオ機械が二台だけ着いたのである。そしてたまたまそこへ行きあわせた私は、その新着の鉱石ラジオセット一台を七円五十銭で購入して帰ったのである

当時、外国ではラジオはすでに実用の段階に入っており、報道・娯楽の機関として不可欠の地位を占めていた。しかし、日本ではこのラジオがなかったので、アメリカ製ラジオは貴重なものであった。事業は常に新しいアイデアで他より一歩先にと新分野を開拓していかなければ、到底成功は望めないと思い、この鉱石ラジオの開発に没頭する。そしてついに成功し爆発的な売れ行きとなり再起の企業基盤が固まった。この後、テレビ、電卓、太陽電池などつぎつぎと新製品を開発して大企業に発展させたのだった。

彼のすさまじい闘魂と開発意欲に思わず頭が下がる。事業と家庭の崩壊にもかかわらず、この逆境をチャンスとしてモノにする開発意欲と闘魂でねじ伏せてしまったのだ。新着の鉱石ラジオを「運命は私に幸いした」と捉えた昔の創業者の粘りと根性に脱帽してしまう。

②「大惨事は宇宙の摂理」
伊藤保次郎（三菱鉱業社長：１８９０〜１９７２）掲載：１９５９年８月９日〜８月28日

伊藤は１９４４年に日本アルミニウム専務、戦後１９４６年には社長となった。翌１９４７年、公職追放で退社。解除後、鉱山経営者連盟専務理事、１９５０年に日本精鉱社長、１９５５年、三菱鉱業（現・三菱マテリアル）に復帰し社長に就任した。その後、東北開発株式会社総裁も務めた。彼の災害に遭遇した苦労が国の災害補償や鉱害対策の布石となった。

１８９０年、山形県生まれ。１９１７年東京大学を卒業後、三菱合資に入り、１９１８年三菱鉱業創設で同社に転じた。同年、労務問題に関心をもち現場を希望したため、兵庫県の生野鉱山行きを命じられ、労務担当としての道を歩み始めた。その後、生野鉱山の支山である明延鉱山や秋田県の尾去沢鉱山などの現場労務に携わった。尾去沢鉱山では約10年過ごしたが、彼が健康を害して東京の本社に異動になった３カ月後の１９３６年11月、尾去沢ダム決壊の大惨事が突如として起こった。彼は即刻現場視察を命ぜられ、事故現場にたどり着くと、彼の後任者や次席責任者が犠牲者となっていたことに強いショックを受ける。

このダムは鉱山の選鉱・製錬工程で発生するスラグ（鉱滓（こうさい））を堆積させてできたダムだったので、基礎工事がなく基盤が弱いため大惨事に発展した。あっという間に下流の鉱業施設を破壊して市街地になだれこみ、一瞬にして315名の生命を奪ったのだった。

会社は事態の重大性を考え、すぐさま尾去沢鉱山臨時復興部を設け、彼がその部長に任命された。速やかな遺体捜査と遺族や被害者への最低生活ができる施設の復興が急務だった。それに並行して被災者の弔慰金と流失財産の補償があったが、特に流失財産の書画骨董に類するものの評価に苦労する。その上、損害賠償の要求は地上災害だけにはとどまらない。河川や海の漁業補償もあった。鉱泥の流入による稚魚の死滅や、冬に最盛期の秋田産「はたはた」の絶滅補償だった。彼はこの当時を振り返って次のように述懐している。

尾去沢の事態処理は、私にとって大きな試練であった。宇宙の威力というものが、人間生活の転変と建設という事業のうえにいかに大きくおおいかぶさっているかということを、私は身をもって感得した。

事故発生以来一年半、私の毎日はほとんど着のみ着のままで、ときに酒をのんではごろ

りと横になるという生活が多かった。疲労と偏食も手伝ってか、そのうち私はものすごい全身湿疹（しっしん）にかかり、ついに一ヵ月入院してしまった

この惨事が転機となって、鉱滓ダムの建設にはそれまでの商工省管轄から、内務省の土木局に代わり、従来夢想だにしなかったコンクリートダムの建設となり、鉱害対策が大きく前進したのだった。現代で考えれば、コンクリートの基礎工事もない鉱滓ダムの決壊は自然災害ではなく、人為災害に当たるのだろうが、当時の社会通念から許されていたものと思われる。しかし、災害補償の甚大さや彼のその補償苦労が将来の鉱害対策の布石になったことは間違いない。遭遇した災害に立ち向かった彼の苦労は次代の災害対策に生かされたのだった。

5．自暴自棄

不遇や逆境の原因が、自分の過失ではなく他人の不注意や自分の境遇に起因するものであれば、責任の追及には自ずと限界があるものです。自分なりにその不遇から抜け出そうと努力するが、うまくいかないと天を恨み自暴自棄となります。この環境に置かれた「履歴書」登場者はどのようにこれを克服したのでしょうか。

「腰から下が完全にマヒ」
石橋信夫（大和ハウス工業会長：1921〜2003）掲載：1991年10月1日〜10月31日

大和ハウス工業創業者で元社長・会長。日本の戦後の住宅普及に貢献したプレハブ住宅の「ミゼットハウス」を開発した。1939年、奈良県立吉野林業学校（現・奈良県立吉野高等学校）卒業後、満州の営林庁に勤務する。1942年、前橋陸軍予備士官学校を卒業し、従軍する。復員後、大和ハウス工業を設立した。

石橋は1921年、奈良県で生まれた。子どもの頃から大柄で近隣でも評判の暴れん坊だった。お山の大将にならないと気が済まない性分で、口より先に手が出てしまっていた。相手に怪我をさせると母親がそのたびに夜、ちょうちんと果物をもって謝りに行く日常だった。

1944年陸軍少尉に任官していた彼は、速射砲隊の小隊長として満州で猛演習訓練の指揮をとっていた。しかし、零下30度近い雪原で背中に1トンの馬ソリが当たり大事故にあう。気がついたときは陸軍病院のベッドの上で、腰から下が完全にマヒしていた。診断結果は脊髄打撲損傷の機能障害だった。特製のギプスは尾骨のあたりから頭まであり、磔（はりつけ）の刑のようだった。寝たきりのまま、何日も入院生活をおくっていると、次第に気持ちが荒れ、看護師に当たり散らす、食事はひっくり返すで、誰も寄り付かなくなった。そんな彼にふだんの調子で話しかけてくれる看護師の大野さんが、自分の夫の戦死と一粒種の子どもを亡くした心境を次のように語ってくれた。

「一年の間、絶望のあまり夢遊病者のようになってました」。

そのうち、これでは死んだ夫にすまない、と思うようになってきた。戦争で傷ついた将兵の皆さんを看護できれば主人も喜んでくれるだろうし、自分も立ち直れるかもしれない。（中略）「死ぬのは簡単だけど、生きるって難しいものですね」

この一言「死ぬのは簡単だけど、生きるって難しい」がガーンと彼の頭を一撃した。荒んだ心がこの日を境に「ありがとう」の言葉が出るようになったと述懐している。そして新しく赴任してきた水上軍医の施術と彼の治したい懸命の努力が一体化して実り、１年６カ月に及んだ闘病生活を終えることができた。それは軍刀を杖にした、昭和20年８月８日の退院だった。

この後、満州の原隊に即刻復帰するが捕虜となりシベリアに抑留、３年を経験して帰国する。実家が植林、製材を業としていたため木に愛着があるので、大和ハウス工業を設立し、

「建築の工業化」を企業理念に、創業商品「パイプハウス」やプレハブ住宅の原点「ミゼットハウス」などを開発して大発展させる。この石橋の薫陶を受けた樋口武男社長(注6)が「私の履歴書」にその後の経過を詳しく書いている。

注

6 樋口武男(大和ハウス工業会長:1938〜)掲載:2012年3月1日〜3月31日
1938年、兵庫県尼崎市に生まれる。1961年、関西学院大学法学部卒業後、太源に入社、1963年に大和ハウス工業に入社。1984年に取締役、1993年に子会社の大和団地代表取締役社長に就任。2001年4月に大和団地が大和ハウス工業に吸収合併されたことにより、合併後の大和ハウス工業の社長に就任し、2004年より現職。その他には2006年4月より大阪シンフォニカー協会理事長(現・社団法人大阪交響楽団運営理事長)、大阪商工会議所副会頭も務めている。

第5章

激動の歴史の中で生きる

個人ではどうしようもないときがあります。それは、運命というか歴史の転換点の場合です。例えば、太平洋戦争末期、日本国の戦略・戦術が失敗に終わり、敗戦が濃厚になってきたとき。この戦争の終結に向けて、天皇や政府の首脳陣が、いかに日本国民を安全に帰結させることができるか、またその終戦宣言後の混乱を平穏に鎮めるか、そして新しい日本国の再出発のための法律などの手配を準備するか、などに頭を悩ませていました。「私の履歴書」では、登場人物がそれぞれの与えられた任務から使命感をもって立ち向かった裏話を語ってくれています。これらを抽出しました。

1. 日本でいちばん長い日の前後

1945年7月、太平洋戦争末期。連合国は日本にポツダム宣言受諾を要求。無条件降伏か、それとも本土決戦か。連日連夜、閣議が開かれますが議論は紛糾します。8月6日に広島に原爆投下、8日にソ連が日ソ中立条約を破棄し宣戦布告、そして9日に長崎に原爆が投下され、事態はますます悪化の一途をたどりました。

8月9日の御前会議では、無条件降伏は軍隊であって国家としてではない。それなら日本国の存在がなくなることはないとして、日本国は厳重に主権を保持しつつ戦争を終結しうるので、ポツダム宣言を受け入れることとなったのです。

しかし、阿南惟幾陸軍大臣は「陸軍としては、このままここで戦争を終結することになれば、国体の護持について確信がもてないので反対」と強硬に主張。これに同調する意見もあり、閣議不統一で休憩となり、結論を持ち越します。

そして14日の御前会議となりますが、その4日間に外務省はポツダム宣言の解釈上の最後の詰めを行っていました。それは「戦争の終結」か、それとも交渉を有利に引き出す「本土決戦」か、両派により適正な判断をしてもらうための、連合国側との交渉でした。

連合国と解釈の確認（詳細は下田条約局課長の項）を取った上で、陛下から終戦のご聖断が下りましたがその後の玉音放送の録音、その保管、これを阻止しようとするクーデター（宮城事件）など、目まぐるしく緊迫した時間が過ぎます。ちょうど、半藤一利による小説『日本のいちばん長い日』のような、8月14日から「ご聖断」が下った前後の緊迫した「履歴書」登場人物の関与や活動をここに集めてみました。

①「内務省事務次官として」

灘尾弘吉（内務省事務次官：1899〜1994）掲載：1977年2月26日〜3月28日

1899年、広島県生まれ。東京大学卒業後、内務省に入省。1945年4月から8月まで内務次官。戦後衆議院議員。厚生大臣、文部大臣（6期も務め文部の灘尾と言われた）、衆議院議長。

灘尾は1945（昭和20）年4月に内務省次官に任命された。直後に「国民義勇隊」の組織づくりを全国の知事の協力を得て行う体制となった。ところがこの組織ができるにしたがって、軍部をはじめ各方面の関心が高まり、この総司令官に当時の単一政党であった大日本政治会の総裁・南大将を迎える話が出た。灘尾は内務大臣と一緒にこれを断った。灘尾は国内が物資の不足でどんどん疲弊している情況下で、次のように証言している。

終戦直前に内務省の手がけた「国民義勇隊」は、未曾有の困難が日本に押し寄せるのを予想し、それに対処するための最後の国民の動員組織であった。戦場にすべてをかりたて

ようとしたのではない。
地方では、所によってこれが曲解され、竹ヤリ訓練あるいは軍事教練の真似事をするような事態もあったが、私どもの意図はそんなところにはなかった。（中略）
身びいきに聞こえるかもしれないけれど、なんとか戦争が続けられたのは、明治から培われた県庁などの行政組織があったためと思う。全国の人たちが、県庁を中心に一致団結して動くという体制があったればこそ、どうやらやっていけたのであろう。
しかし、ありとあらゆる統制法規がどんどん出されても、地方ではそれを消化するだけの力はなくなっていた。県庁ではどうやら処理できても、町村役場に回ったころは、通達は積んでおかれるだけになっていたろう。統制経済とはいっても、裏の方では自由経済であった

「統制経済とはいっても、裏の方では自由経済であった」とは、日本経済全体が疲弊していて、食糧も一般の生活物資も欠乏していた証拠だから、天皇の戦争終結のご聖断は、国民を救ったことになる。国民義勇隊は玉音放送がされた約1週間後の8月21日に閣議で廃止が決定され、同年9月2日に解散された。

②「外務省条約局課長として」

下田武三（外務事務次官：1907〜1995）掲載：1977年6月26日〜7月26日

1907年、東京生まれ。1931年、東京大学を卒業後、外務省に入省。条約局長、駐ソ連大使を経て事務次官。次いで駐米大使。最高裁判事。プロ野球コミッショナー。

下田はモスクワ滞在2年足らずで、昭和20年3月帰国命令を受けた。当時、ドイツはすでに敗北直前にあり、日本の戦局も極端に不利になっていた。彼がモスクワをたってからソ連国境に出るまでに、通常の所要日数の倍近くかかった。シベリアを東行する列車は日に何回となく待避線へ入れられ、長い列車が轟音を立てて追い越していく。ソ連はいよいよ関東軍の背後を突くべく多数の兵員と大量の武器弾薬を、ソ連国境に向けて急送しつつあった。

下田は6月下旬、条約局第1課長に任ぜられ、上司から7月下旬に入手の「ポツダム宣言」の正確な訳文と解説を作るよう命ぜられた。この訳文が今日でも「六法全書」に載っている同宣言の日本文であるという。下田は当時を振り返り、次のように証言している。

ポツダム宣言の出た後、終戦工作を進める外務省では、息詰まるような緊迫した日が続いた。八月六日広島に原爆投下、次いでソ連参戦をみるや、政府はついにわが国体さえ護持し得るなら、この宣言を受諾するという方針を固め、連合国にこの点の確認を至急求めることとなった。同時にこの宣言は「天皇の国家統治の大権」を変更する要求を含んではいないとの了解のもとに、これを受諾する旨を八月十日スイス、スウェーデン両中立国政府を介して申し入れることになった

しかし、実は連合国から送られてきた回答文の中には、日本文に訳す上で見逃すわけにいかない、非常に困った箇所が二つあったのだという。

これを直訳すれば徹底抗戦派の主張に力を与えることになるのは明らかであった。その一つは天皇の国家統治の大権の取り扱いで、原文には連合国最高司令官に subject to とあり、直訳すると「隷属する」になってしまう。これでは大変なことになるので、「制限の下におかれる」と意訳した。

また、もう一つは日本国の ultimate form of government で、直訳すればまさに「国体」である。原文では、それは「ポツダム宣言に従い、日本国民の自由に表明する意思に

より決定せらるべきものとする」となっているので、そのまま訳したのでは、徹底抗戦派が、それでは国体の護持にならぬとして、戦争継続を主張することは火をみるよりも明らかであった。

そこで「最終的の日本国の政府の形態は……」と意訳して、天皇陛下は無きずで、その下にある政府の形態が国民の意思によって自由に決められるとも取れるようにしたのである。

かくて八月十四日の御前会議で聖断が下り、翌十五日、終戦の玉音放送が行われた。外務省のさんたんたる焼け跡に整列し、これを拝聴したわれわれ一同は、涙の滂沱（ぼうだ）と流れ落ちるのを止めようがなかった

下田が意訳した右記「国体の護持」「天皇陛下は無きず」の二つは、日本の根本方針であったから、外務省は連合国側との息詰まる折衝で合意にこぎつけた。

この確認が取れたからこそ、最後の御前会議で陛下のご聖断へとつながった。外務省の高官や下田の自分の命を賭しての交渉だったと思われる。

③「警視総監として」

町村金五（内務省警護局長：１９００～１９９２）掲載：１９８１年９月15日～10月12日

１９００年、北海道生まれ。１９２４年、東京大学卒業、内務省に入省。富山県知事、内務省警保局長、警視総監、北海道知事、参議院議員、自治大臣歴任。兄は町村敬貴で元参議院議員、息子に町村信孝がいる。

町村は昭和20年２月に新潟県知事に就任したが、２カ月後の４月には鈴木貫太郎内閣が成立したのに伴い、警視総監に任命された。そして終戦前夜と当日を次のように書いている。

いよいよ八月十五日を明日に迎える前夜、私は総監室で仮眠をとっていた。するとまだ夜も明けやらぬうちに、「坂下門にいた皇宮警察官が姿を消し、代わりに兵隊が立っている」との報に続いて、「総理官邸に軍が押し入り、総理の私邸も襲われたが、総理は無事」「ＮＨＫが軍によって占拠された」などの情報が次々に入ってくる。総理官邸にいた迫水書記官長も、官邸を抜け出して私の総監室に見えた。

軍隊の反乱行為は陸軍が解決すべきものと考えていたので、かねての打ち合わせ通り、警保局長の水池亮君が陸軍大臣に、そして私は東部軍管区司令官に、すみやかな解決を求めるべく駆けつけた。

東部軍管区司令部は今の第一生命ビルにあって、司令官は田中静壹大将であった。田中司令官は私の顔を見るや、「まことに申し訳ないことを仕出かしました。私はすぐに宮城に向かい、必ず解決して正午の陛下のご放送に支障のないようにします」と、決意を表情に出して言われ、司令官は副官ただ一人を連れて宮城に向かった

田中司令官は、3月からの空襲により明治神宮や明治宮殿が消失した際、帝都防空の責任者として進退伺いを出したが、昭和天皇に慰留されていた。その陛下の緊急時は国家の一大事、と駆けつけた。

後になって、宮城に向かった田中司令官は首謀者の畑中少佐らを集めて厳しく説諭されたので、彼らも非をわびて自害を遂げ、事件は鎮圧されたのだとわかった。(中略)

八月三十日、連合軍最高司令官マッカーサー元帥が厚木に降り立った。それを伝えるラジオ放送を聞いて、田中大将は、静かに自害されたのである

終戦後、この第一生命ビルに連合国本部が置かれ、マッカーサー最高司令官が執務することになる。

「田中司令官は首謀者の畑中少佐らを集めて厳しく説諭」とあるが、反乱軍も簡単には説得されなかったであろう。田中大将は反乱軍の国を想う純粋な気持ちに同情しながらも、必死の説得に努め、それに成功する。しかし、（原文とは違い実際は）８月24日に田中大将が自害されたその原因を、町村は「反乱軍への同情」とその「司令官としての責任遂行」の両面だと察して、哀悼の意をここに書き記したように、私には思える。

④「宮内庁侍従として」

入江相政（侍従長：１９０５～１９８５）掲載：１９７７年４月26日～５月26日

１９０５年、東京府に入江為守子爵・貴族院議員の三男として生まれる。父・為守も侍従長であった。生家は歌道冷泉派の宗家・冷泉家の流れを汲む「歌の家」。１９２９年、東京大学卒業。学習院の講師、教授を経て、１９３４年に宮内庁侍従、69年侍従長となる。侍従在任中の『入江相政日記』（朝日新聞社）は有名。

入江は8月15日午前3時、天皇陛下が「終戦勅語」の録音を二度（2枚）され、吹上御所にお帰りなった後やっとベッドに入り、ウトウトした。そのとき宮城事件が起きた。これは1945年（昭和20）8月14日の深夜から15日（日本時間）にかけて、一部の陸軍省勤務の将校と近衛師団参謀が中心となって起こしたクーデター未遂事件であった。

日本の降伏を阻止しようと企図した将校たちは、近衛第一師団長森赳中将を殺害、師団長命令を偽造し近衛歩兵第二連隊を用いて宮城（皇居）を占拠した。しかし陸軍首脳部及び東部軍管区の説得に失敗した彼らは自殺もしくは逮捕され、日本の降伏表明は当初の予定通り行われた。入江はこのときの緊迫した様子を次のように証言している。

たたき起こされた。「大変なことになっているのに、なにをぼやぼや寝ているか」と。私をたたき起こしたのは、徳川（現侍従次長）、戸田（前東宮侍従長、故人）の両侍従。この吹上の御文庫は、すでに反乱軍によってすっかり取り囲まれており、電話線は、みんな切られてしまった、と。（中略）

そこらにいる皇宮警察の人の協力で、鉄扉の桟（さん）をすっかりおろした。

戦争以来、シャッターは、毎晩かならずおろしていた。鉄扉も閉めたが、上下二段の桟

は、一つだけしかおろさなかった。戦争中は、爆風を防ぐための鉄扉なので、一つだけで十分だったのが、これから襲いかかろうとしている日本人の敵に対しては、閉めておかなくては。

四年間の戦争中、一度もおろさなかったものだから、錆びついていて、どうにもならないが、皇宮警察の力持ちが、ぶらさがるようにして、すっかりおろしてくれた

反乱軍の大尉がやってきて武装解除を命令されたが、入江は「傍系の指図で解除するわけにはいかない」と拒否する。すると直後に一個小隊か一個中隊かが、押し寄せてくる予感がした。「これらの連中は陛下を擁して、本土決戦をしようとしている。陛下を奪われてはならない」と緊張感が走る。

もし、撃ち合いになり皇宮警察官５人のすべてがやられ、この部屋にどっと迫ってきた場合、「陛下はどこだ」と詰問されれば、永積侍従と二人で「さぁ、どこにいらっしゃるか」と、その辺のドアを開けてみたり、トイレを探したりの時間稼ぎをするしかないと腹を括っていた。どんなに食い止めようとしても、力は及ばない。しかし、陛下のところに連れて行くわけにはいかないと。

入江は恐怖に怯え、緊張した数時間が過ぎた。すると急にドアが開き、カーキ色の軍服が現れた。ドキッとしたが、よく見るとそれは田中静壹大将であった（町村金五の『私の履歴書』〈210ページ〉参照）。そのとき、初めて「助かった」と思ったと書いている。

⑤「皇族の大本営参謀として」

竹田恒徳（大本営参謀：1909〜1992）掲載：1976年4月2日〜4月30日

1909年、東京府生まれ。学習院、陸軍幼年学校、陸軍士官学校を経て1930年、陸軍大学校卒業。陸軍少将竹田宮恒久王の第1皇子で、母は明治天皇の第6皇女常宮昌子内親王、昭和天皇の従弟にあたる。

竹田は戦争末期の昭和20年（1945）7月に、関東軍参謀から東京の第一総軍参謀に転任を命じられていた。彼の後任は新進気鋭の瀬島龍三参謀（のちに伊藤忠商事会長）であった。8月6日、広島に原爆投下、その3日後には長崎にも投下された。こうした情勢下で、終戦の色が漂い始め、陸軍の統帥部では当然ながら深刻な議論が交わされた。皇族の間でも終戦につながる話し合いが行われてもいた。竹田は皇族の立場から次のように証言している。

そんなある日、天皇陛下のお召しにより、男子の皇族全員が吹上御苑内の地下防空壕に集まった。陛下は緊張されたご様子で、「これ以上戦争を続けることは国民をただ苦しませるだけである。ここで戦争を終わらせたい。今後は日本の再建のために尽くしてもらいたい」という趣旨のご決意をもらされた。われわれは「陛下のご英断に従い、国体維持に全力を尽くします」という意味のことをお誓いした。これは終戦を決定された御前会議の前日（13日：筆者注）であったかと記憶している。

八月十五日の玉音放送は市谷台上の第一総軍司令部で拝聴した。翌日、陛下のお召しで仮宮殿に参内すると、浅香、東久邇、閑院の各宮といっしょになった。「何のお召しか？」と話し合っていたら、東久邇宮以外の三人がいっしょに御前に呼ばれた。

陛下は「ご苦労だが、すぐに各方面の派遣軍へ行って停戦を伝えてもらいたい。いままで戦って来た軍隊が急にホコを収めるのはむずかしいことだろうと思うが、これ以上不幸な戦争が続かないように、自分（陛下）の気持ちを第一線の将兵によく伝えてもらいたい」とおっしゃられた。浅香宮は支那派遣軍、閑院宮は南方派遣軍、そして私は関東軍に行くことになった。東久邇宮に組閣の大命が下ったのはこのすぐあとだった。

我々の飛行機はすでに用意されており、翌十七日にたつこととなった。しかし満州（現・中国東北）ではソ連軍が進攻しつつあるときだし、いつ米軍が本土に進駐して来るか

もわからない。私は再び生きて帰れないことを覚悟して、その夜を徹して身辺の整理を行った

この記述によると、8月15日の玉音放送の翌日16日に、4人の皇室が天皇陛下に集められている。そして、海外の主要前線基地に行き、陛下からの停戦命令を伝え、「不幸な戦争が続かないよう鎮撫せよ」との司令は、用意周到で戦争の現場事情を知悉(ちしつ)した言動であったと感動した。この皇室4人の人材活用はすばらしいと思わず唸ってしまった。

⑥「内務省業務課長として」

鈴木俊一（内務省業務課長：1910～2010）掲載：1982年8月18日～9月14日

1910年、東京生まれ。東京大学を卒業後、内務省に入省。事務次官を8年務める。その間、地方自治法をはじめとする地方自治関連法（地方財政法、地方公営企業法、地方税法、公職選挙法など）や東京都の制度は実質的に鈴木が官僚として作り上げた。大阪万博の事務総長、東京都知事。

鈴木は昭和20年（１９４５）４月には、内閣参事官から古巣の内務省に業務課長として戻っていた。そして、８月15日正午、安倍源基内務大臣、灘尾弘吉次官、入江誠一郎地方局長ら内務省幹部とともに、内務省５階の大会議室で、天皇陛下の玉音放送を聞いた。

みんな、涙で顔をクシャクシャにしながら、この大きなショックを受け止めていた。そして早期復興を目指して動き出す様子を次の如く記している。

> **その日の午後から内務省では直ちに終戦処理体制の検討に入った。戦時業務課長だった私は、部下の奥野誠亮君らとともに、灘尾次官や入江局長の部屋に入って情報収集に努めるとともに、これからどうするべきか話し合った。**（中略）

日本が受諾したポツダム宣言はその第十項で「日本の民主主義的傾向の復活強化」がうたわれており、彼が預かっている地方制度も選挙制度についても抜本的に見直されることになるのははっきりしていた。また、

ＧＨＱは「日本に民主主義を定着させるためには、これまでの行き過ぎた中央集権制を改め、地方にできるだけ権限を移譲させることが必要」として、まず知事の公選制を迫ってきた。21年にこれを実現したのを手始めに、選挙制度の改正、地方自治法の制定、内務省の解体、警察・教育制度の改正、地方公務員法の制定と次から次へと新しい地方制度を

つくっていった。これらはいずれも現在の地方自治の土台になっているものばかりである

こうして、現在の地方自治の土台をつくった鈴木が、地方行政の生みの親といわれることになった。

それにしても、日本の官僚は優秀で、国家・国民に奉仕する使命感をもってくれている。日本の新しい民主主義制度を築くために、玉音放送を聞いたあと、ただちに若い官僚が動き出す姿は感動的であった。

日本でいちばん長い日は、ご聖断とそれにつながる玉音放送で終わるが、日本の新しい門出の日でもあったのだ。

2. 財閥解体

アメリカなど連合国側は、財閥を「日本軍国主義を制度的に支援した」との認識があり、これを解体することで軍国主義を根本的に壊滅できると考えていたので、強い態度で財閥解体に臨んできました。その主要交渉人は、その過程や変更を詳細に述べてくれています。

「財閥解体の委員長として」
野田岩次郎（ホテルオークラ会長：1897～1988）掲載：1981年5月31日～6月27日

大成観光（現・ホテルオークラ）社長、会長。第二次世界大戦後、連合国占領統治下の日本において、持株会社整理委員会（HCLC）常務委員・委員長として財閥解体に当たる。HCLC解散後はホテルオークラの立ち上げに参加。日本ホテルの国際化の礎を築いた人物である。

1897年、長崎県の生まれで、1918年、東京高商（現・一橋大学）を卒業し、三井物産に入社する。英語が得意だったことから、すぐシアトル出張所に配属された。しかし、米国人女性と結婚したため、人種偏見が強かった当時の国際結婚は双方の家族や社内の抵抗を受け、やむなく翌年、三井物産を退社する。

その後、日綿実業に入社、ニューヨーク支店長として活躍するが、日中戦争を契機に日米関係が悪化したため、1943年9月に、妻子を置いたまま強制帰国させられた。帰国後、嘱託として海軍省に出向。海外放送などの翻訳・分析に従事した。また軍令部に置かれた「対米研究会」に加わり、主にアメリカ人の国民意識について意見提言などで活躍していた。

敗戦後の1946年5月、持株会社整理委員会の委員となり、1949年11月に委員長に就任する。企業と連合軍総司令部（GHQ）の間に立ちつつ、合計408社に及ぶ持株会社・過度経済力集中排除法指定会社の整理や財閥家族・役員の産業界からの追放という、世界でも類を見ない国家規模の産業再編成を指揮したのだった。

GHQが日本で推し進めた二大改革は農地改革と財閥解体だが、彼は財閥解体を担当し、日本側交渉人として中心的な役割を果たした。次のように詳述している。

GHQが財閥解体に取り組むのであるが、GHQの目的は、当初から日本産業の完全な破壊ではなく、世界の産業、商業、貿易の脅威にならない程度の解体であった。経済科学（ESS）局長クレーマー大佐は十月十五日にその線に沿った覚書を出し、四大財閥の自発的解体を促している。

三井、三菱、住友、安田の四大財閥はこれに抵抗したが、まず安田、そして最後に三菱が自発的解体に応じ、十一月四日、政府と協議のうえ解体案を作った。その骨子は①一切の株式と関係企業に持つ権利を、日本政府が設置する持株会社整理委員会に移管し、解体を受ける②三井、岩崎などの財閥一家はすべての事業から引退し、各財閥役員も辞任する——などであり、GHQもこの案を承認した。（中略）

委員会は五年間にこれら指定会社のうち、財閥本社的機能を持っていた三十社を解散し、その他は資本関係を整理させ、これら会社が所有していた一億五千五百万余株、額面七十億七千四百七十余万円の株式と、財閥家族の所有していた一千万余株、四億九千七百万円の株式を処分し、それらの企業の従業員と一般投資家に分売した。

さらにGHQは財閥解体の趣旨をより徹底し、競争原理を導入するため、「過度経済力集中排除法」を日本政府に作らせ、その執行をも整理委員会にゆだねた。この方法に基づき、昭和二十三年二月には主要企業の大部分、三百二十五社が分割の対象企業としてあげられた。（中略）

だが、米ソ冷戦の進行とともに、米政府は対日占領政策を非軍事化から経済自立の促進に転換し、過度経済力集中排除法も「競争を阻害することが歴然たる場合」に限って適用することになり、結局、日本製鉄、三菱重工業など十八社を過度集中と認定し、うち十一社を企業分割、四社に持ち株処分、三社に一部工場の処分を指令したにとどまった。

持株会社整理委員会は昭和二十六年七月、役目を終えて解散したが、この財閥解体により、財閥ファミリーによる企業支配は全くついえ去った。今日、企業合併などにより巨大企業は復活したが、その資本的、人的な支配関係は、戦前の財閥支配時代とは一変したものとなっているのは周知の通りである朝鮮戦争勃発のため米ソ冷戦が始まり、急遽「過度経済力集中排除法」の対象会社になった325社が、日本の経済力に大打撃を与えないよう日本製鉄、三菱重工業など大手18社に絞りこまれたと書いている。

それでも、この法の完全実施により、財閥による企業支配は大きく後退し、若い戦後企業の台頭を招くことになった。

また同時に、高級官僚や財閥系の現役役員クラスは戦争責任を問われ追放となり、若手経営者を登用することになったため、この若手経営者の新しい感覚での経営が経済の活性化を生み、日本の産業を大躍進させる原動力となったのは周知のとおりである。

彼は歴史の転換点で難題に立ち向かい大きな仕事を成し遂げた。それはGHQの財閥解体の真意を見極め、日本産業復興に大打撃にならない落としどころを探り、決着させたことだ。

彼はこの委員会が解散した後、安田財閥が財閥解体で帝国ホテルを手放したため、帝国ホテルに並ぶ国際的ホテル建設の夢を抱いていた大倉喜七郎に協力し、1962年にホテルオークラ（現在のホテルオークラ東京）を開業させる。そして、社長、会長として1964年の東京オリンピックを背景に、日本のホテルの質の向上に力を注ぎ、観光行政の強化や史跡・自然保護を訴え貢献した。

3．皇室の財産分離

私はこの記述を読むまで、皇室財産は国有財産と一体だと思っていました。ところが、この記述で戦後に財閥の創業者と同じレベルで財産分離がはかられたことを知り、驚いたのでした。

「皇室財産分離の担当者として」

河野一之（太陽神戸銀行相談役：1907～2006）掲載：1982年7月21日～8月17日

大蔵官僚、実業家。元大蔵事務次官。元太陽銀行頭取、太陽神戸銀行会長。

1907年、広島県で生まれ、陸軍軍人だった父親が退官し東京で事業を始めたため、9歳から東京で育った。1930年3月、東京大学を卒業し、大蔵省に入省する。1943年、軍属でシンガポールに赴任し、占領地域の財政金融を担当した。

そして、帰国後1945年3月、大蔵省復帰、主計局第1課長となるが、8月15日からの終戦後は、財政破綻状態の中、１９４５年度予算の組み直しやＧＨＱの費用（米軍駐留費など）を担当する終戦処理費、さらに警察予備隊創設費用など、戦後ＧＨＱ占領下の財政処理に奔走することになった。

しかし、彼は大蔵省からの出向により政府部内の憲法改正準備委員会に所属していたため、皇室財産の分離にも関与することになった。

皇室財産は、明治の大日本帝国憲法下では御料（ごりょう）あるいは御料地（ごりょうち）と呼ばれ、帝国議会の統制外にあった。そして、御料そのものは憲法制定以前から存在し、大部分の御料の形成は憲法制定に深いかかわりがあったため、それまでは皇室財産には膨大な御料（高輪、新宿御苑、各府県神社などの土地）が含まれていた。

しかし、敗戦後の日本国憲法では、憲法上の明文により、皇室財産は国に属するものとされ、皇室の費用は予算に計上して国会の議決を経ることとなった。その分離課程を彼は次のように証言している。

新憲法は昭和二十一年十一月三日に公布され、その半年後に発効することになった。私たちはそれまでに明治憲法下の諸制度を変えなくてはならなかった。その第一番が皇室財

政制度の切り替えであった。

それまでの皇室の会計は、国とは別に宮内省の経理になっていたが、新憲法では、宮中府中の別は許されず、一切の皇室は国に帰属し、皇室の費用も国の予算に計上、国会の承認を要することになった。皇室財産といっても、神器や御陵墓、正倉院など、それに伊藤博文が明治憲法発布前に編入したといわれる数百万町歩の帝室林野がある。これに一般国民と等しく財産税がかけられることになった。

評価の結果、皇室財産の総額は三十七億円、これにかかる財産税が三十四億円で、この分は物納で国に帰属した。残りも憲法の規定で国に帰属するが、一部身の回り品などを、天皇の私的財産として残した。その額は最高の財産税を払ったある財閥の人の手取り額を勘案して決められた

皇室は儀式に用いる屛風や刀剣などの他、海外の賓客などから献納された美術品、明治の院展などで買い上げた美術品（絵画・書・工芸品）や文化財を所有している。この他、神器、皇居、各地の御用邸、御陵墓（伊勢神宮、仁徳天皇陵など）、正倉院、京都御所、御料牧場などもある。これらの価格を時価評価し、財閥の創業者と同じレベルで財産分離を行ったと証言している。財産税34億円を数百万町歩の林野で物納したそうだが、その中には山林や新宿御苑、各府県神社などの土地・建物も入っていた。ちなみにフリー百科事典で調べると、土地だけで2万136ヘクタールが2718ヘクタールになり、全体の13・5％に縮小された。それでも、平成24年（2012）3月31日現在の皇室財産（皇居など15点）は土地・建物をふくめ、5141億2200万円となっていた。

それにしても、彼は新憲法における天皇（皇室）の位置づけと存続などを熟慮し、必要な財産保全を行った。彼が歴史の転換点に立ち向かい、平穏に内容を決着させた功績は大きいと思われる。

また、昭和天皇の崩御後の平成元年（1989）6月に、皇室から国庫に美術品約6000点が寄贈され、これを保存、研究、公開するための施設として三の丸尚蔵館が平成5年（1993）に開館され、この中には、江戸時代の国宝級のものや画家・伊藤若冲の絵「動植綵絵」全30幅も含まれていた。これは国家財産である。

附章1　「私の履歴書」登場者一覧

掲載順	氏名	掲載時肩書き	掲載年	掲載期間	回数	執筆歳	生誕地	生誕年	生誕月日	最終学歴
1	鈴木茂三郎	社会党委員長	1956（S31）	3月1日～3月7日	7	63	愛知	1893	2月7日	早大政
2	原安三郎	日本化薬社長	1956（S31）	3月8日～3月20日	13	72	徳島	1884	3月10日	早大商
3	里見　弴	作家	1956（S31）	3月21日～4月5日	16	68	神奈川	1888	7月14日	東大文
4	松村謙三	前文相	1956（S31）	4月6日～4月13日	8	73	富山	1883	1月24日	早大政経
5	五島慶太	東急会長	1956（S31）	4月14日～4月23日	10	74	長野	1882	4月18日	東大法
6	浅沼稲次郎	社会党書記長	1956（S31）	4月24日～5月2日	9	58	東京	1898	12月27日	早大政
7	江戸川乱歩	探偵作家	1956（S31）	5月3日～5月10日	8	62	三重	1894	10月21日	早大政経
8	堀　久作	日活社長	1956（S31）	5月11日～5月20日	10	56	東京	1900	7月8日	大倉高商
9	正宗白鳥	作家	1956（S31）	5月21日～5月29日	9	77	岡山	1879	3月3日	早稲田専
10	砂田重政	自民全国組織委員長	1956（S31）	5月30日～6月5日	6	72	愛媛	1884	9月15日	中央大法
11	杉　道助	大阪商工会議所会頭	1956（S31）	6月6日～6月12日	7	72	山口	1884	2月20日	慶應
12	山田耕筰	作曲家	1956（S31）	6月13日～6月19日	7	70	東京	1886	6月9日	東京音大
13	遠山元一	日興証券会長	1956（S31）	6月20日～6月28日	9	66	埼玉	1890	7月21日	高等小学校
14	西尾末広	社会党顧問	1956（S31）	6月29日～7月10日	12	65	香川	1891	3月28日	中央大
15	佐藤春夫	作家	1956（S31）	7月11日～7月18日	8	64	和歌山	1892	4月9日	慶應退
16	出光佐三	出光興産社長	1956（S31）	7月19日～7月28日	10	71	福岡	1885	8月22日	神戸高商
17	堤　康次郎	前衆議院議長	1956（S31）	7月29日～8月8日	11	67	滋賀	1889	2月11日	早大政経
18	村松梢風	作家	1956（S31）	8月9日～8月18日	10	67	静岡	1889	9月21日	慶應退
19	松下幸之助	松下電器産業社長	1956（S31）	8月19日～8月26日	8	62	和歌山	1894	11月27日	小学校
20	片山　哲	社会党顧問	1956（S31）	8月27日～9月5日	10	69	和歌山	1887	7月28日	東大法
21	長谷川　伸	作家	1956（S31）	9月6日～9月21日	16	72	神奈川	1884	3月15日	小学校退
22	中山　均	日銀政策委員	1956（S31）	9月22日～10月5日	14	70	静岡	1886	5月26日	早大政経
23	大麻唯男	国務相	1956（S31）	10月6日～10月23日	18	67	熊本	1889	7月7日	東大
24	広津和郎	作家	1956（S31）	10月24日～10月31日	8	65	東京	1891	12月5日	早大文

25	山崎種二	山崎証券社長	1956(S31)	11月1日〜11月17日	17	63	群馬	1893	12月8日	高等小学校
26	新関八洲太郎	第一物産社長	1956(S31)	11月18日〜12月2日	15	59	埼玉	1897	4月2日	一橋大
27	野村胡堂	作家	1956(S31)	12月3日〜12月10日	8	74	岩手	1882	10月15日	東大法
28	高碕達之助	経済企画庁長官	1956(S31)	12月11日〜12月21日	11	71	大阪	1885	2月7日	東京水産
29	武者小路実篤	作家	1956(S31)	12月22日〜12月31日	10	71	東京	1885	5月12日	東大文退
30	石坂泰三	東芝社長・経団連会長	1957(S32)	1月1日〜1月11日	11	71	東京	1886	6月3日	東大法
31	久保田万太郎	作家	1957(S32)	1月12日〜1月26日	15	68	東京	1889	11月7日	慶應文
32	大谷竹次郎	松竹会長	1957(S32)	1月27日〜2月5日	10	80	京都	1877	12月13日	小学校
33	石橋正二郎	ブリヂストンタイヤ社長	1957(S32)	2月6日〜2月18日	13	68	福岡	1889	2月25日	久留米商業
34	荻原井泉水	俳人	1957(S32)	2月19日〜3月6日	16	73	東京	1884	6月16日	東大文
35	伊藤忠兵衛(2代)	東洋パルプ会長	1957(S32)	3月7日〜3月24日	18	71	滋賀	1886	6月12日	ロンドン大学
36	河野一郎	前国務相	1957(S32)	3月25日〜4月9日	15	59	神奈川	1898	6月2日	早大政
37	吉井 勇	歌人	1957(S32)	4月10日〜4月23日	14	71	東京	1886	10月8日	早大経退
38	山本為三郎	朝日麦酒社長	1957(S32)	4月24日〜5月12日	19	58	大阪	1893	4月24日	外国留学
39	橋本宇太郎	囲碁九段・王座	1957(S32)	5月13日〜5月23日	11	50	大阪	1907	2月27日	
40	永田雅一	大映社長	1957(S32)	5月24日〜6月10日	18	51	京都	1906	1月8日	大倉商業
41	藤原義江	藤原歌劇団主宰	1957(S32)	6月11日〜6月28日	18	59	大阪	1898	12月5日	早稲田実業
42	杉山金太郎	豊年製油会長	1957(S32)	6月29日〜7月12日	14	82	和歌山	1875	9月19日	大阪高商
43	河合良成	小松製作所社長	1957(S32)	7月13日〜7月25日	13	71	富山	1886	5月10日	東大
44	杉山元治郎	衆議院副議長	1957(S32)	7月26日〜8月6日	12	72	大阪	1885	11月18日	東北学院神学
45	岩田宙造	元法相・法博	1957(S32)	8月7日〜8月26日	20	82	山口	1875	4月7日	東大法
46	藤山愛一郎	外相	1957(S32)	8月27日〜9月10日	15	60	東京	1897	5月22日	慶應政治
47	安井誠一郎	東京都知事	1957(S32)	9月11日〜9月28日	18	66	岡山	1891	3月11日	東大
48	岡野喜太郎	駿河銀行頭取	1957(S32)	9月29日〜10月13日	15	95	静岡	1864	4月4日	豆陽学校師範科
49	三船久蔵	講道館十段	1957(S32)	10月14日〜10月28日	15	74	岩手	1883	4月21日	慶應退
50	石毛郁治	東洋高圧社長	1957(S32)	10月29日〜11月18日	21	62	千葉	1895	5月18日	東京工大
51	芳沢謙吉	元外相	1957(S32)	11月19日〜12月10日	22	83	新潟	1874	1月24日	東大文

52	木村義雄	将棋14世名人	1957（S32）	12月11日〜12月31日	21	52	東京	1905	2月21日	慶應普退
53	石橋湛山	前首相	1958（S33）	1月3日〜1月23日	21	74	山梨	1884	9月25日	早大哲学
54	奥むめお	衆議院議員・主婦連会長	1958（S33）	1月24日〜2月16日	24	63	福井	1895	10月24日	日本女子大
55	足立　正	日本商工会議所会頭	1958（S33）	2月17日〜3月1日	18	75	鳥取	1883	2月28日	東京高商
56	伊藤次郎左衛門（14代）	松坂屋社長	1958（S33）	3月2日〜3月15日	14	56	愛知	1902	7月5日	慶應
57	田崎勇三	癌研付属病院長	1958（S33）	3月16日〜4月4日	20	60	長崎	1898	7月5日	東大医
58	平塚常次郎	日魯漁業社長	1958（S33）	4月5日〜4月26日	22	77	北海道	1881	11月9日	露清語学校
59	河田　重	日本鋼管社長	1958（S33）	4月27日〜5月17日	21	71	茨城	1887	7月25日	東大
60	大屋晋三	帝国人造絹糸社長	1958（S33）	5月18日〜6月9日	23	64	群馬	1894	7月5日	一橋大
61	鳩山一郎	元首相	1958（S33）	6月10日〜6月26日	17	75	東京	1883	1月1日	東大法
62	星島二郎	衆議院議長	1958（S33）	6月27日〜7月28日	32	71	岡山	1887	11月6日	東大
63	金森徳次郎	国立国会図書館長	1958（S33）	7月29日〜8月14日	17	72	愛知	1886	3月17日	東大法
64	十河信二	国鉄総裁	1958（S33）	8月15日〜9月5日	22	74	愛媛	1884	4月14日	東大法
65	石田退三	トヨタ自動車工業社長	1958（S33）	9月6日〜9月18日	13	70	愛知	1888	11月16日	滋賀一中
66	吉田難波掾	文楽人形遣い	1958（S33）	9月19日〜10月8日	20	90	大阪	1869	10月20日	寺子屋
67	安川第五郎	日本原子力発電社長	1958（S33）	10月9日〜10月26日	18	72	福岡	1886	6月2日	東大工科
68	市川猿之助（2代目）	歌舞伎俳優	1958（S33）	10月27日〜11月13日	18	70	東京	1888	5月10日	慶應・早大聴講
69	松野鶴平	参議院議長	1958（S33）	11月14日〜12月4日	21	75	熊本	1883	12月22日	旧制中学校
70	瀬越憲作	囲碁名誉九段	1958（S33）	12月5日〜12月16日	12	69	広島	1889	5月22日	旧制中学校
71	朝倉文夫	彫刻家	1958（S33）	12月17日〜12月31日	15	75	大分	1883	3月1日	東京美術専科
72	岸　信介	首相	1959（S34）	1月1日〜1月16日	16	63	山口	1896	11月13日	東大法
73	茅　誠司	東大総長	1959（S34）	1月17日〜2月2日	17	61	神奈川	1898	12月21日	東北大理
74	豊竹山城少掾	文楽座紋下	1959（S34）	2月3日〜2月23日	21	81	東京	1878	12月15日	
75	大川　博	東映社長	1959（S34）	2月24日〜3月16日	21	63	新潟	1896	12月30日	中央大法
76	栗田淳一	日石社長	1959（S34）	3月17日〜4月12日	27	71	山口	1888	5月17日	東大文
77	川端龍子	画家・青竜社主宰	1959（S34）	4月13日〜5月7日	25	74	和歌山	1885	6月6日	東京府立三中
78	市川寿海	歌舞伎俳優	1959（S34）	5月8日〜5月28日	21	73	東京	1886	7月12日	

79	井村荒喜	不二越鋼材社長	1959(S34)	5月29日～6月27日	30	68	長崎	1891	11月3日	長崎医専予科
80	井上貞治郎	聯合紙器社長	1959(S34)	6月28日～7月17日	20	78	兵庫	1881	8月16日	高等小学校
81	小島政二郎	作家	1959(S34)	7月18日～8月8日	22	65	東京	1894	1月31日	慶應文
82	伊藤保次郎	三菱鉱業社長	1959(S34)	8月9日～8月28日	20	69	山形	1890	9月4日	東大法経
83	藍沢彌八	東証理事長	1959(S34)	8月29日～9月22日	25	79	新潟	1880	3月22日	日本法律学校(日大)
84	大山康晴	将棋王座	1959(S34)	9月23日～10月14日	22	36	岡山	1923	3月13日	
85	内ケ崎贇五郎	東北電力社長	1959(S34)	10月15日～11月2日	19	64	宮城	1895	9月25日	東大電気
86	井上八千代(4代目)	井上流家元	1959(S34)	11月3日～11月15日	13	54	京都	1905	5月14日	小学校
87	佐藤　貢	雪印乳業社長	1959(S34)	11月17日～12月12日	26	61	北海道	1898	2月14日	北大農学
88	山岡孫吉	ヤンマディーゼル社長	1959(S34)	12月13日～12月31日	19	71	滋賀	1888	3月22日	尋常高等小
89	島津忠承	日赤社長	1960(S35)	1月1日～1月22日	22	57	東京	1903	5月19日	京大法
90	時津風定次	日本相撲協会理事長	1960(S35)	1月23日～2月9日	18	48	大分	1912	2月9日	尋常小学校
91	益谷秀次	副総理	1960(S35)	2月10日～3月8日	27	72	石川	1888	1月17日	京大法
92	青木均一	東京電力社長	1960(S35)	3月9日～4月4日	27	62	静岡	1898	2月14日	東京高商
93	高橋亀吉	経済評論家	1960(S35)	4月5日～4月30日	26	69	山口	1891	1月27日	早大
94	諸井貫一	秩父セメント社長	1960(S35)	5月1日～5月28日	28	64	東京	1896	1月11日	東大経済
95	中山義秀	作家	1960(S35)	5月29日～6月22日	25	60	福島	1900	10月5日	早大文
96	萩原吉太郎	北海道炭礦汽船社長	1960(S35)	6月23日～7月21日	29	58	埼玉	1902	12月15日	慶應
97	奥村綱雄	野村證券会長	1960(S35)	7月22日～8月11日	21	57	滋賀	1903	3月5日	京大経済
98	東郷青児	洋画家	1960(S35)	8月12日～9月5日	25	63	鹿児島	1897	4月28日	青山学院中等部
99	市川房枝	参議院議員	1960(S35)	9月6日～10月2日	27	67	愛知	1893	5月15日	愛知女子師範
100	河竹繁俊	前早大演劇博物館長	1960(S35)	10月3日～10月27日	25	71	長野	1889	6月9日	早大文
101	渡辺政人	東北開発社長	1960(S35)	10月28日～11月20日	24	68	宮城	1892	12月3日	明治大
102	犬丸徹三	帝国ホテル社長	1960(S35)	11月21日～12月11日	21	73	石川	1887	6月8日	東京高商
103	池田亀三郎	三菱油化社長	1960(S35)	12月12日～12月31日	20	76	山形	1884	5月21日	東大冶金
104	田中耕太郎	前最高裁長官	1961(S36)	1月1日～1月31日	31	71	鹿児島	1890	10月25日	東大法
105	和田完二	丸善石油社長	1961(S36)	2月1日～2月23日	23	65	兵庫	1896	6月12日	旧制豊岡中学

106	石塚粂蔵	日本製鋼所会長	1961（S36）	2月24日～3月11日	16	75	東京	1886	2月17日	一橋大
107	河上丈太郎	社会党委員長	1961（S36）	3月12日～4月6日	26	72	東京	1889	1月3日	東大法
108	小田原大造	大阪商工会議所会頭	1961（S36）	4月7日～4月30日	24	68	広島	1892	11月10日	尾道商
109	富安風生	俳人	1961（S36）	5月1日～5月26日	26	76	愛知	1885	4月16日	東大法
110	高川 格	囲碁九段・本因坊	1961（S36）	5月27日～6月15日	20	46	和歌山	1915	9月21日	大阪府立高津中学
111	松尾静磨	日本航空社長	1961（S36）	6月16日～7月8日	23	58	佐賀	1903	2月17日	九大機械
112	塚田公太	倉敷紡会長	1961（S36）	7月9日～8月5日	28	74	新潟	1885	9月27日	一橋大
113	徳川夢声	声優	1961（S36）	8月6日～8月31日	26	67	島根	1894	4月13日	東京府立一中（現日比谷高校）
114	福田千里	大和証券社長	1961（S36）	9月1日～9月27日	27	65	東京	1896	10月20日	京大経済
115	鈴木大拙	日本学士院会員	1961（S36）	9月28日～10月18日	21	91	石川	1870	10月18日	東大
116	荷見 安	全国農協中央会会長	1961（S36）	10月19日～11月12日	25	70	茨城	1891	11月11日	東大法
117	室生犀星	作家	1961（S36）	11月13日～12月7日	25	72	石川	1889	8月1日	小学校退
118	佐々部晩穂	名古屋商工会議所会頭	1961（S36）	12月8日～12月31日	24	68	福岡	1893	3月26日	京大経
119	小泉信三	日本学士院会員	1962（S37）	1月1日～1月31日	31	74	東京	1888	5月4日	慶應経
120	富本憲吉	陶芸家	1962（S37）	2月1日～2月20日	20	76	奈良	1886	6月5日	東京美術
121	市村 清	理研光学工業社長	1962（S37）	2月21日～3月20日	28	62	佐賀	1900	4月4日	中央大退
122	川田 順	歌人	1962（S37）	3月21日～4月15日	26	80	東京	1882	1月15日	東大
123	松下正寿	立大総長	1962（S37）	4月16日～5月11日	26	61	京都	1901	4月14日	立教大
124	三村起一	石油資源開発社長	1962（S37）	5月12日～6月7日	27	75	東京	1887	8月15日	東大法
125	花柳章太郎	俳優	1962（S37）	6月8日～6月30日	23	68	東京	1894	5月24日	本郷中
126	奥村政雄	日本カーバイド社長	1962（S37）	7月1日～7月26日	26	83	熊本	1879	11月29日	東大法
127	西条八十	詩人	1962（S37）	7月27日～8月20日	25	70	東京	1892	1月15日	早大文
128	本田宗一郎	本田技研工業社長	1962（S37）	8月21日～9月14日	25	56	静岡	1906	11月17日	浜松高工
129	早川徳次	早川電気工業社長	1962（S37）	9月15日～10月12日	28	80	東京	1893	11月3日	小学校
130	中部謙吉	大洋漁業社長	1962（S37）	10月13日～11月6日	25	66	兵庫	1896	3月25日	高等小学校
131	重宗雄三	参議院議長	1962（S37）	11月7日～11月26日	20	68	山口	1894	2月11日	東工大附属科学技術高等学校
132	坂 信弥	大商証券社長	1962（S37）	11月27日～12月14日	18	64	大阪	1898	12月23日	東大法

133	井深　大	ソニー社長	1962（S37）	12月15日～12月31日	17	54	栃木	1908	4月11日	早大
134	長谷川如是閑	日本芸術院会員	1963（S38）	1月1日～1月31日	31	88	東京	1875	11月30日	東京法学院（中央大）
135	江田三郎	日本社会党組織委員長	1963（S38）	2月1日～2月28日	28	56	岡山	1907	7月29日	一橋大
136	沢田美喜	エリザベス・サンダースホーム園長	1963（S38）	3月1日～3月30日	30	62	東京	1901	9月19日	御茶の水退
137	井植歳男	三洋電機社長	1963（S38）	3月31日～4月26日	27	61	兵庫	1902	12月28日	小学校
138	賀屋興宣	法相	1963（S38）	4月27日～5月27日	31	74	広島	1889	1月30日	東大法
139	小川栄一	藤田観光社長	1963（S38）	5月28日～6月26日	30	64	長野	1899	12月24日	京大
140	尾崎士郎	作家	1963（S38）	6月27日～7月24日	28	65	愛知	1898	2月5日	早大政経退
141	水原秋桜子	俳人	1963（S38）	7月25日～8月15日	22	71	東京	1892	10月9日	東大医
142	江崎利一	江崎グリコ社長	1963（S38）	8月16日～9月9日	25	81	佐賀	1882	12月23日	高等小学校
143	川又克二	日産自動車社長	1963（S38）	9月10日～10月8日	29	56	茨城	1905	3月1日	一橋大
144	三島徳七	東大名誉教授	1963（S38）	10月9日～11月7日	30	70	兵庫	1893	2月24日	東大冶金
145	柳田誠二郎	海外経済協力基金総裁	1963（S38）	11月8日～12月6日	29	70	栃木	1893	9月2日	東大法
146	徳川義親	徳川林政史研究所長	1963（S38）	12月7日～12月31日	25	77	東京	1886	10月5日	東大理
147	松永安左エ門	電力中央研究所理事長	1964（S39）	1月1日～1月31日	31	89	長崎	1875	12月1日	慶應法退
148	内山岩太郎	神奈川県知事	1964（S39）	2月1日～2月29日	29	74	群馬	1890	2月28日	東京外大退
149	町村敬貴	北海道町村牧場主	1964（S39）	3月1日～3月18日	18	82	北海道	1882	12月20日	札幌農学校
150	大谷米太郎	大谷重工業社長	1964（S39）	3月19日～4月12日	25	83	富山	1881	7月24日	小学校
151	衣笠貞之助	映画監督	1964（S39）	4月13日～5月11日	29	68	三重	1896	1月1日	中学校
152	大浜信泉	早大総長	1964（S39）	5月12日～6月10日	30	73	沖縄	1891	10月5日	早大法
153	渋沢秀雄	随筆家	1964（S39）	6月11日～7月10日	30	72	東京	1892	10月5日	東大法
154	大屋　敦	日銀政策委員	1964（S39）	7月11日～8月4日	25	79	東京	1885	9月5日	東大電気
155	石原廣一郎	石原産業会長	1964（S39）	8月5日～8月28日	24	74	京都	1890	1月26日	立命館
156	鹿島守之助	鹿島建設会長	1964（S39）	8月29日～9月23日	26	68	兵庫	1896	2月2日	東大法
157	高杉晋一	三菱電機相談役	1964（S39）	9月25日～10月23日	29	72	茨城	1892	3月1日	東大法
158	坂田栄男	囲碁名人・王座・本因坊	1964（S39）	10月24日～11月12日	20	44	東京	1920	2月15日	小学校
159	神近市子	参議院議員	1964（S39）	11月13日～12月6日	24	76	長崎	1888	6月6日	津田塾

160	大佛次郎	作家	1964（S39）	12月7日～12月31日	25	67	神奈川	1897	10月9日	東大政
161	鮎川義介	中政連総裁	1965（S40）	1月1日～2月1日	32	85	山口	1880	11月6日	東大工
162	橋本凝胤	法相宗管長・薬師寺管主	1965（S40）	2月2日～2月25日	24	68	奈良	1897	4月28日	東大文
163	林　房雄	作家	1965（S40）	2月26日～3月17日	20	62	大分	1903	5月30日	東大法退
164	稲山嘉寛	八幡製鐵社長	1965（S40）	3月18日～4月13日	26	61	東京	1904	1月2日	東大経済
165	諸橋轍次	東京教育大名誉教授	1965（S40）	4月14日～5月3日	20	82	新潟	1883	6月4日	東京高師
166	嶋田卓弥	蛇の目ミシン社長	1965（S40）	5月4日～5月30日	25	64	滋賀	1901	12月1日	小学校
167	東山魁夷	日本芸術院会員	1965（S40）	5月31日～6月19日	20	57	神奈川	1908	7月8日	東京美術
168	勅使河原蒼風	草月会会長	1965（S40）	6月20日～7月9日	20	65	大阪	1900	12月17日	家庭教師
169	進藤武左ヱ門	水資源開発公団総裁	1965（S40）	7月10日～8月2日	24	69	長野	1896	12月19日	九大電気
170	佐々木更三	社会党委員長	1965（S40）	8月3日～8月24日	22	65	宮城	1900	5月25日	日大専門部
171	岩切章太郎	宮崎交通会長	1965（S40）	8月25日～9月16日	23	72	宮崎	1893	5月8日	東大
172	芹沢光治良	作家	1965（S40）	9月17日～10月14日	28	69	静岡	1896	5月4日	東大経
173	松田恒次	東洋工業社長	1965（S40）	10月15日～11月8日	25	70	大阪	1895	11月24日	大阪市立工業
174	船田　中	衆議院議長	1965（S40）	11月9日～12月5日	27	70	栃木	1895	4月24日	東大法
175	岡　潔	奈良女子大名誉教授	1965（S40）	12月6日～12月31日	26	64	大阪	1901	4月19日	京大理
176	佐藤喜一郎	三井銀行会長	1966（S41）	1月1日～1月31日	31	72	神奈川	1894	1月22日	東大法
177	田中角栄	自民党幹事長・前蔵相	1966（S41）	2月1日～3月7日	35	48	新潟	1918	5月4日	中央工学校
178	窪田空穂	歌人・芸術院会員	1966（S41）	3月8日～4月4日	28	89	長野	1877	6月8日	早大
179	三島海雲	カルピス食品工業社長	1966（S41）	4月5日～5月3日	29	88	大阪	1878	7月2日	西本願寺仏教大
180	東山千栄子	新劇女優	1966（S41）	5月4日～5月31日	28	76	千葉	1890	9月30日	白百合学園
181	北沢敬二郎	大丸会長	1966（S41）	6月1日～6月30日	30	77	山形	1889	5月28日	東大
182	久保田豊	日本工営社長	1966（S41）	7月1日～7月29日	29	76	熊本	1890	4月27日	東大工科
183	菅原通済	常磐山文庫理事長	1966（S41）	7月30日～8月29日	31	72	東京	1894	2月16日	ロンドン大
184	山口誓子	俳人	1966（S41）	8月30日～9月23日	25	65	京都	1901	11月3日	東大法
185	野村與曽市	電気化学工業社長	1966（S41）	9月25日～10月21日	27	77	滋賀	1889	10月15日	東京高商
186	平林たい子	作家	1966（S41）	10月22日～11月16日	26	61	長野	1905	10月3日	諏訪高女

187	中山幸市	太平住宅社長	1966(S41)	11月17日～12月2日	16	66	岡山	1900	12月5日	関西大
188	山口喜久一郎	前衆議院議長	1966(S41)	12月3日～12月31日	29	69	長崎	1897	5月11日	早大退
189	高橋誠一郎	芸術院長・学士院会員	1967(S42)	1月1日～2月7日	38	83	新潟	1884	5月9日	慶應政
190	桐竹紋十郎	文楽人形遣い・重文保持者	1967(S42)	2月8日～3月6日	27	67	大阪	1900	11月20日	
191	井上五郎	中部電力会長・中経連会長	1967(S42)	3月7日～4月4日	29	68	東京	1899	8月16日	東大電気
192	土屋喬雄	東大名誉教授	1967(S42)	4月5日～5月4日	30	71	東京	1896	12月21日	東大法
193	中村白葉	ロシア文学者	1967(S42)	5月5日～6月5日	32	77	兵庫	1890	11月23日	東京外大
194	武見太郎	日本医師会会長	1967(S42)	6月6日～7月9日	34	63	京都	1904	8月7日	慶應医
195	法華津孝太	極洋捕鯨社長	1967(S42)	7月10日～7月31日	22	64	東京	1903	7月30日	東大法
196	岩田専太郎	画家	1967(S42)	8月1日～8月25日	25	66	東京	1901	6月8日	小学校
197	松前重義	衆議院議員・東海大総長	1967(S42)	8月26日～9月24日	30	66	熊本	1901	10月24日	東北大
198	中安閑一	宇部興産社長	1967(S42)	9月26日～10月16日	21	72	山口	1895	4月5日	東京高工
199	平塚らいてう	全日本婦人団体名誉会長	1967(S42)	10月17日～11月10日	25	81	東京	1886	2月10日	日本女子大
200	岡崎嘉平太	日中総合貿易高崎事務所代表	1967(S42)	11月11日～12月4日	24	70	岡山	1897	4月16日	東大法
201	谷川徹三	前法政大学総長	1967(S42)	12月5日～12月31日	27	72	愛知	1895	5月26日	京大哲
202	植村甲午郎	経済団体連合会副会長	1968(S43)	1月1日～2月6日	37	74	東京	1894	3月12日	東大政治
203	梅若六郎	能楽師・芸術院会員	1968(S43)	2月7日～3月6日	28	61	東京	1907	8月3日	小学校
204	本田弘敏	東京瓦斯会長	1968(S43)	3月7日～4月6日	31	70	熊本	1898	10月18日	東京高商
205	麻生磯次	学習院大院長	1968(S43)	4月7日～4月28日	22	72	千葉	1896	7月21日	東大文
206	堀江薫雄	前東京銀行会長	1968(S43)	4月29日～5月29日	31	65	徳島	1903	1月28日	東大法
207	竹鶴政孝	ニッカウヰスキー社長	1968(S43)	5月30日～6月26日	28	73	広島	1894	6月20日	大阪高工
208	杉村春子	女優	1968(S43)	6月27日～7月21日	26	62	広島	1906	1月6日	山中高等女学校
209	貝塚茂樹	京都大学名誉教授	1968(S43)	7月22日～8月20日	30	64	東京	1904	5月1日	京大文
210	広瀬経一	北海道拓殖銀行会長	1968(S43)	8月21日～9月9日	20	72	香川	1896	3月7日	京大政
211	豊道春海	書道家・芸術院会員	1968(S43)	9月10日～9月28日	19	90	栃木	1878	9月1日	小学校
212	松田竹千代	衆議院議員	1968(S43)	9月29日～10月25日	27	80	大阪	1888	2月2日	ニューヨーク大学
213	前田青邨	画家・芸術院会員	1968(S43)	10月26日～11月21日	27	83	岐阜	1885	1月27日	京華中学退

214	太田哲三	一橋大名誉教授	1968(S43)	11月22日〜12月6日	15	79	静岡	1889	5月8日	東商大
215	稲垣平太郎	日本ゼオン相談役・日本貿易会会長	1968(S43)	12月7日〜12月31日	25	80	岡山	1888	7月4日	慶應
216	永野重雄	富士製鉄社長	1969(S44)	1月1日〜2月2日	33	69	島根	1900	7月15日	東大法
217	桑原幹根	全国知事会会長・愛知県知事	1969(S44)	2月3日〜2月27日	25	74	山梨	1895	8月29日	東大法
218	時国益夫	麒麟麦酒社長	1969(S44)	2月28日〜3月21日	22	76	石川	1893	2月12日	東大工学
219	司　忠	丸善社長	1969(S44)	3月23日〜4月17日	26	76	愛知	1893	10月5日	高等小学校
220	木下又三郎	本州製紙社長	1969(S44)	4月18日〜5月20日	33	80	愛知	1889	11月13日	東大工
221	坂本繁二郎	画家	1969(S44)	5月21日〜6月14日	25	87	福岡	1882	3月2日	画塾不同舎(寺子屋)
222	舟橋聖一	作家	1969(S44)	6月15日〜7月22日	38	65	東京	1904	12月25日	東大文
223	倉田主税	日立製作所相談役	1969(S44)	7月23日〜8月21日	30	83	福岡	1886	3月1日	仙台高工
224	今日出海	文化庁長官	1969(S44)	8月22日〜9月15日	25	66	北海道	1903	11月6日	東大文
225	砂野　仁	川崎重工社長	1969(S44)	9月16日〜10月9日	24	70	京都	1899	9月15日	京大経済
226	喜多六平太	能楽師・芸術院会員	1969(S44)	10月10日〜11月3日	25	95	東京	1874	7月7日	
227	水田三喜男	衆議院議員	1969(S44)	11月4日〜12月3日	30	64	千葉	1905	4月13日	京大法
228	加藤辨三郎	協和発酵工業会長	1969(S44)	12月4日〜12月31日	28	70	島根	1899	8月10日	京大工学
229	木川田一隆	東京電力社長	1970(S45)	1月1日〜1月29日	29	71	福島	1899	8月23日	東大経済
230	市川　忍	丸紅飯田会長	1970(S45)	1月30日〜2月26日	28	73	茨城	1897	1月9日	神戸高商
231	土川元夫	名古屋鉄道社長	1970(S45)	2月27日〜3月25日	27	67	東京	1903	6月20日	京大法
232	水谷八重子	新派女優・芸術院会員	1970(S45)	3月26日〜4月21日	27	65	東京	1905	8月1日	双葉学園
233	瀬川美能留	野村證券会長	1970(S45)	4月22日〜5月20日	29	64	奈良	1906	3月31日	大阪高商
234	久松潜一	東大名誉教授	1970(S45)	5月21日〜6月10日	21	76	愛知	1894	12月26日	東大文
235	椎名悦三郎	衆議院議員	1970(S45)	6月11日〜7月8日	28	72	岩手	1898	1月16日	東大法
236	緒方知三郎	日本医大老人病(研)所長	1970(S45)	7月9日〜8月4日	27	87	東京	1883	1月31日	東大医
237	小原鐵五郎	城南信金理事長	1970(S45)	8月5日〜9月2日	29	71	東京	1899	10月28日	小学校
238	吉住慈恭(4代目)	長唄唄方・芸術院会員	1970(S45)	9月3日〜10月2日	30	94	東京	1876	12月15日	寺子屋
239	安西正夫	昭和電工社長	1970(S45)	10月3日〜10月31日	29	66	千葉	1904	11月12日	東大
240	井伏鱒二	作家	1970(S45)	11月1日〜12月2日	32	72	広島	1898	2月15日	早大退

241	屋良朝苗	琉球政府行政主席	1970（S45）	12月3日〜12月31日	29	68	沖縄	1902	12月13日	広島師範
242	宇佐美洵	日本銀行総裁	1971（S46）	1月1日〜1月29日	29	70	東京	1901	2月5日	慶應
243	小汀利得	評論家	1971（S46）	1月30日〜2月28日	30	82	島根	1889	12月13日	早稲田／首席
244	川口松太郎	作家	1971（S46）	3月1日〜3月26日	26	72	東京	1899	10月1日	電信学校
245	三宅正一	衆議院議員・社会党	1971（S46）	3月27日〜4月20日	25	71	岐阜	1900	10月30日	早大
246	茂木啓三郎	キッコーマン社長	1971（S46）	4月21日〜5月17日	27	72	千葉	1899	8月5日	一橋大
247	渋谷天外	松竹新喜劇座長	1971（S46）	5月18日〜6月13日	27	65	京都	1906	6月7日	小学校
248	熊谷守一	画家	1971（S46）	6月14日〜7月12日	29	91	岐阜	1880	4月2日	東京美術
249	沖中重雄	虎の門病院院長	1971（S46）	7月13日〜8月10日	29	69	石川	1902	10月8日	東大医
250	土井正治	住友化学工業会長	1971（S46）	8月11日〜9月8日	29	77	兵庫	1894	5月1日	東大法
251	和田恒輔	富士電機製造相談役	1971（S46）	9月9日〜10月8日	30	84	山口	1887	11月3日	神戸高商
252	石井光次郎	衆議院議員	1971（S46）	10月9日〜11月6日	29	82	福岡	1889	8月18日	東京高商
253	尾上多賀之丞	俳優	1971（S46）	11月7日〜12月3日	27	82	東京	1889	9月21日	小学校
254	横山隆一	漫画家	1971（S46）	12月4日〜12月31日	28	62	高知	1909	5月17日	中学校
255	石田和外	最高裁判所長官	1972（S47）	1月1日〜1月29日	29	69	福井	1903	5月20日	東大法
256	小林　勇	岩波書店会長	1972（S47）	1月30日〜2月23日	25	69	長野	1903	3月27日	実業学校
257	松田伊三雄	三越社長	1972（S47）	2月24日〜3月19日	25	76	香川	1896	3月10日	慶應
258	春日一幸	民社党委員長	1972（S47）	3月20日〜4月16日	28	62	岐阜	1910	3月25日	名古屋逓信講習所
259	坂口謹一郎	東大名誉教授	1972（S47）	4月17日〜5月12日	26	75	新潟	1897	11月17日	東大農
260	中村汀女	俳人	1972（S47）	5月13日〜6月4日	23	72	熊本	1900	4月11日	熊高女
261	木村秀政	日大副学長	1972（S47）	6月5日〜6月29日	25	68	青森	1904	4月13日	東大工
262	田代茂樹	東レ名誉会長	1972（S47）	6月30日〜7月27日	28	82	福岡	1890	12月5日	明治専門学校
263	長谷川一夫	俳優	1972（S47）	7月28日〜8月22日	26	64	京都	1908	2月27日	小学校
264	赤尾好夫	旺文社社長	1972（S47）	8月23日〜9月17日	26	65	山梨	1907	3月31日	東京外大
265	滝田　実	全織同盟名誉会長	1972（S47）	9月18日〜10月14日	27	60	富山	1912	12月15日	
266	高畑誠一	日商岩井相談役	1972（S47）	10月15日〜11月9日	26	85	愛媛	1887	3月21日	神戸高商
267	内村祐之	東大名誉教授	1972（S47）	11月10日〜12月5日	26	75	東京	1897	11月12日	東大医

268	古賀政男	作曲家	1972（S47）	12月6日～12月31日	26	68	福岡	1904	11月18日	明大商
269	今西錦司	岐阜大学学長	1973（S48）	1月1日～1月31日	31	71	京都	1902	1月6日	京大農
270	赤城宗徳	衆議院議員	1973（S48）	2月1日～3月2日	30	69	茨城	1904	12月2日	東大法
271	池田謙蔵	三菱信託相談役	1973（S48）	3月3日～3月28日	26	80	奈良	1893	2月2日	東大法
272	中村鴈治郎（2代目）	歌舞伎俳優・芸術院会員	1973（S48）	3月29日～4月23日	26	71	大阪	1902	2月17日	小学校
273	渡辺　武	前アジア開発銀行総裁	1973（S48）	4月24日～5月22日	29	67	東京	1906	2月15日	東大
274	榊原　仟	東京女子医大病院長	1973（S48）	5月23日～6月19日	28	63	福井	1910	10月13日	東大医
275	田口利八	西濃運輸社長	1973（S48）	6月20日～7月17日	28	66	長野	1907	2月25日	高等小学校
276	朝比奈隆	大阪フィル常任指揮者	1973（S48）	7月18日～8月14日	28	65	東京	1908	7月9日	京大法
277	水上達三	日本貿易会会長	1973（S48）	8月15日～9月10日	27	70	山梨	1903	10月15日	東京高商
278	奥村土牛	画家・芸術院会員	1973（S48）	9月11日～10月7日	27	84	東京	1889	2月18日	梶田半古塾
279	太田　薫	合化労連委員長	1973（S48）	10月8日～11月6日	30	61	岡山	1912	1月1日	阪大工
280	石坂洋次郎	作家	1973（S48）	11月7日～12月6日	30	73	青森	1900	6月25日	慶應文
281	三遊亭円生	落語家	1973（S48）	12月7日～12月31日	25	73	大阪	1900	9月3日	小学校
282	前尾繁三郎	衆議院議長	1974（S49）	1月1日～1月31日	31	69	京都	1905	12月10日	東大法
283	谷口吉郎	建築家	1974（S49）	2月1日～2月26日	26	70	石川	1904	6月24日	東大建築
284	塚本憲甫	国立がんセンター総長	1974（S49）	2月27日～3月26日	28	70	東京	1904	9月16日	東大医
285	武蔵川喜偉	日本相撲協会前理事長	1974（S49）	3月27日～4月23日	28	65	東京	1909	3月1日	府立三中
286	浜田庄司	陶芸家	1974（S49）	4月24日～5月23日	30	80	神奈川	1894	12月9日	東京高等工業
287	立石一真	立石電機社長	1974（S49）	5月24日～6月21日	29	74	熊本	1900	9月20日	熊本高工
288	島田正吾	俳優	1974（S49）	6月22日～7月20日	29	69	神奈川	1905	12月13日	明星商業退
289	中村梅吉	法相	1974（S49）	7月21日～8月18日	29	73	東京	1901	3月19日	法政大
290	神谷正太郎	トヨタ自動車販売社長	1974（S49）	8月19日～9月16日	29	76	愛知	1898	7月9日	名古屋市立商業
291	棟方志功	版画家	1974（S49）	9月17日～10月15日	29	71	青森	1903	9月5日	小学校
292	小原国芳	玉川学園総長	1974（S49）	10月16日～11月9日	25	87	鹿児島	1887	4月8日	広島高師・京都大
293	糸川英夫	組織工学研究所長	1974（S49）	11月10日～12月6日	27	62	東京	1912	7月20日	東大航空
294	川上哲治	前巨人軍監督	1974（S49）	12月7日～12月31日	25	54	熊本	1920	3月23日	熊本工業高

295	河野謙三	参議院議長	1975(S50)	1月1日～1月31日	31	74	神奈川	1901	5月14日	早大
296	池田大作	創価学会会長	1975(S50)	2月1日～3月4日	32	47	東京	1928	1月2日	大世学院
297	田中絹代	女優	1975(S50)	3月5日～3月31日	27	66	山口	1909	11月29日	小学校
298	日高　輝	山一證券会長	1975(S50)	4月1日～4月27日	27	70	東京	1905	2月22日	東大法
299	島　秀雄	宇宙開発事業団理事長	1975(S50)	4月28日～5月26日	29	74	大阪	1901	5月20日	東大工
300	中川一政	画家	1975(S50)	5月27日～6月27日	32	82	東京	1893	2月14日	錦城中
301	大塚敬節	東洋医学総合研究所長	1975(S50)	6月28日～7月26日	29	75	高知	1900	2月25日	熊本医専
302	田口連三	石川島播磨重工業会長	1975(S50)	7月27日～8月22日	27	69	山形	1906	2月3日	米沢高工
303	末広恭雄	東大名誉教授	1975(S50)	8月23日～9月16日	25	71	東京	1904	6月4日	東大農
304	越後正一	伊藤忠商事会長	1975(S50)	9月17日～10月14日	28	74	滋賀	1901	4月26日	神戸高商
305	橋本登美三郎	衆議院議員	1975(S50)	10月15日～11月11日	28	74	茨城	1901	3月5日	早大政経
306	山高しげり	全国地域婦人団体連絡協議会長	1975(S50)	11月12日～12月6日	25	76	三重	1899	1月5日	東京女子高等師範
307	尾上松緑(2代目)	歌舞伎俳優	1975(S50)	12月7日～12月31日	25	62	東京	1913	3月28日	小学校
308	松下幸之助	松下電器産業相談役	1976(S51)	1月1日～1月31日	31	82	和歌山	1894	11月27日	小学校
309	森戸辰男	元中央教育審議会長	1976(S51)	2月2日～3月1日	29	88	広島	1888	12月23日	東大法
310	樫山純三	樫山会長	1976(S51)	3月2日～4月1日	31	75	長野	1901	9月21日	大阪貿易語学校
311	竹田恒徳	国際オリンピック委員会委員	1976(S51)	4月2日～4月30日	29	67	東京	1909	3月4日	陸軍大学校
312	荒川豊蔵	陶芸家	1976(S51)	5月1日～5月31日	31	82	岐阜	1894	3月21日	高等小学校
313	米沢　滋	電電公社総裁	1976(S51)	6月1日～6月26日	26	65	富山	1911	2月1日	東大電気
314	源氏鶏太	作家	1976(S51)	6月27日～7月25日	29	64	富山	1912	4月19日	富山商業高
315	大来佐武郎	海外経済協力基金総裁	1976(S51)	7月26日～8月23日	29	62	満州	1914	11月3日	東大工
316	田辺茂一	紀伊國屋書店社長	1976(S51)	8月24日～9月17日	25	71	東京	1905	2月12日	慶應
317	古垣鉄郎	日本ユニセフ協会会長	1976(S51)	9月19日～10月15日	27	76	鹿児島	1900	9月20日	リヨン大学
318	大槻文平	三菱鉱業セメント会長	1976(S51)	10月16日～11月11日	27	73	宮城	1903	9月27日	東大文→法
319	天津乙女	宝塚歌劇団理事	1976(S51)	11月12日～12月6日	25	71	東京	1905	10月9日	宝塚音楽歌劇
320	森口華弘	染色家・重文保持者	1976(S51)	12月7日～12月31日	25	67	滋賀	1909	12月10日	小学校
321	井上　靖	作家	1977(S52)	1月1日～1月31日	31	70	北海道	1907	5月6日	京大文

322	武原 はん	舞踊家	1977(S52)	2月1日～2月25日	25	74	徳島	1903	2月4日	大和屋芸妓学校
323	灘尾弘吉	衆議院議員	1977(S52)	2月26日～3月28日	31	78	広島	1899	12月21日	東大法
324	小林節太郎	富士写真フイルム会長	1977(S52)	3月29日～4月25日	28	78	兵庫	1899	11月7日	関学高商
325	入江相政	侍従長	1977(S52)	4月26日～5月26日	31	72	東京	1905	6月29日	東大文
326	小川芳男	東京外国語大名誉教授	1977(S52)	5月27日～6月25日	30	69	岡山	1908	10月15日	東京外語
327	下田武三	外務省顧問・前最高裁判事	1977(S52)	6月26日～7月26日	31	70	東京	1907	4月3日	東大法
328	横山通夫	中部電力相談役	1977(S52)	7月27日～8月21日	26	77	栃木	1900	1月25日	慶應
329	吉田忠雄	吉田工業社長	1977(S52)	8月22日～9月17日	27	69	富山	1908	9月19日	高等小学校
330	黒沢酉蔵	雪印乳業相談役	1977(S52)	9月18日～10月13日	26	92	茨城	1885	3月28日	京北中学
331	橋本明治	画家・芸術院会員	1977(S52)	10月14日～11月9日	27	73	島根	1904	8月5日	東京美術
332	川勝 伝	南海電気鉄道社長	1977(S52)	11月10日～12月6日	27	76	京都	1901	7月12日	同志社退・立命館
333	土門 拳	写真家	1977(S52)	12月7日～12月31日	25	68	山形	1909	10月25日	神奈川県立第二中学
334	大平正芳	自民党幹事長	1978(S53)	1月1日～1月31日	31	68	香川	1910	3月12日	東京商大
335	野村万蔵(6世)	能楽狂言方・芸術院会員	1978(S53)	2月1日～2月28日	28	80	東京	1898	7月22日	実業補習学校
336	石川達三	作家	1978(S53)	3月1日～3月31日	31	73	秋田	1905	7月2日	早大文退
337	川上源一	日本楽器製造会長	1978(S53)	4月1日～4月29日	29	66	静岡	1912	1月30日	高千穂商業
338	東畑精一	東大名誉教授	1978(S53)	4月30日～5月30日	31	79	三重	1899	2月2日	東大農
339	尾崎一雄	作家	1978(S53)	5月31日～6月29日	30	79	神奈川	1899	12月25日	早大国文
340	西川政一	日商岩井相談役	1978(S53)	6月30日～7月28日	29	79	兵庫	1899	9月5日	神戸高商
341	北条秀司	劇作家	1978(S53)	7月29日～8月23日	26	76	大阪	1902	11月7日	関西大
342	弘世 現	日本生命保険社長	1978(S53)	8月24日～9月20日	28	74	東京	1904	5月21日	東大経
343	山本丘人	画家	1978(S53)	9月21日～10月16日	26	78	東京	1900	4月15日	東京美術
344	御木徳近	PL教団教主	1978(S53)	10月17日～11月12日	27	78	愛媛	1900	4月8日	高等小学校
345	吉岡隆徳	東京女子体育大教授	1978(S53)	11月14日～12月7日	24	69	島根	1909	6月20日	東京高師
346	宮田義二	鉄鋼労連会長	1978(S53)	12月8日～12月31日	24	54	山口	1924	4月23日	小倉工業専修科
347	猪熊弦一郎	画家	1979(S54)	1月1日～1月31日	31	77	香川	1902	12月14日	東京美術
348	安井正義	ブラザー工業会長	1979(S54)	2月1日～2月28日	28	75	愛知	1904	4月5日	実業補習学校

349	尾上梅幸(7代目)	歌舞伎俳優・芸術院会員	1979(S54)	3月1日～3月30日	30	64	東京	1915	8月31日	日本俳優学校
350	伊藤傳三	伊藤ハム栄養食品社長	1979(S54)	3月31日～4月25日	26	71	三重	1908	11月19日	小学校
351	山階芳麿	山階鳥類研究所理事長	1979(S54)	4月26日～5月25日	30	79	東京	1900	7月5日	東大理
352	加藤治郎	将棋名誉九段	1979(S54)	5月26日～6月24日	30	69	東京	1910	6月1日	早大商
353	川井三郎	協栄生命保険会長	1979(S54)	6月25日～7月23日	29	71	東京	1908	2月5日	東北大
354	古井喜実	法務大臣	1979(S54)	7月24日～8月21日	29	76	鳥取	1903	1月4日	東大法
355	小原豊雲	華道小原流家元	1979(S54)	8月22日～9月16日	27	71	大阪	1908	9月29日	大阪府立国民学校
356	森繁久彌	俳優	1979(S54)	9月17日～10月14日	28	66	大阪	1913	5月4日	早大退
357	木内信胤	世界経済調査会理事長	1979(S54)	10月15日～11月9日	26	80	東京	1899	7月30日	東大法
358	北裏喜一郎	野村證券会長	1979(S54)	11月10日～12月6日	27	68	和歌山	1911	3月14日	神戸高商
359	藤山一郎	歌手	1979(S54)	12月7日～12月31日	25	68	東京	1911	4月8日	東京藝大
360	佐々木良作	民社党委員長	1980(S55)	1月1日～1月31日	31	65	兵庫	1915	1月8日	京大法
361	松田権六	漆芸家・芸術院会員	1980(S55)	2月1日～3月2日	31	84	石川	1896	4月20日	東京美術
362	安藤豊禄	小野田セメント相談役	1980(S55)	3月3日～4月2日	31	83	大分	1897	1月18日	東大化学
363	川喜多長政	東宝東和会長	1980(S55)	4月3日～5月2日	30	77	東京	1903	4月30日	ドイツ留学
364	江戸英雄	三井不動産会長	1980(S55)	5月3日～6月2日	31	77	茨城	1903	7月17日	東大法
365	酒井田柿右衛門(13代)	陶芸家	1980(S55)	6月3日～6月30日	28	74	佐賀	1906	9月20日	佐賀県立有田工業
366	加藤誠之	トヨタ自動車販売会長	1980(S55)	7月1日～7月30日	30	73	三重	1907	11月25日	関西高商
367	安藤楢六	小田急電鉄会長	1980(S55)	7月31日～8月30日	31	80	大分	1900	9月14日	東大法
368	平岡養一	木琴奏者	1980(S55)	8月31日～9月30日	31	73	兵庫	1907	8月16日	慶應経済
369	竹田弘太郎	名古屋鉄道社長	1980(S55)	10月1日～10月30日	30	64	愛知	1916	1月2日	早大商
370	湯浅佑一	湯浅電池・湯浅商事社長	1980(S55)	10月31日～11月30日	31	73	京都	1906	12月17日	京大法退
371	早川種三	興人相談役	1980(S55)	12月1日～12月31日	31	83	宮城	1897	6月6日	慶應
372	駒井健一郎	日立製作所会長	1981(S56)	1月1日～1月31日	31	81	東京	1900	12月17日	東大工学
373	戸田利兵衛	戸田建設会長	1981(S56)	2月1日～3月1日	29	95	茨城	1886	1月15日	東大
374	中村歌右衛門(6代目)	歌舞伎俳優・芸術院会員	1981(S56)	3月2日～3月31日	30	64	東京	1917	1月20日	
375	川村勝巳	大日本インキ化学工業相談役	1981(S56)	4月1日～4月30日	30	76	栃木	1905	5月	東京商大

376	加藤唐九郎	陶芸家	1981(S56)	5月1日〜5月30日	30	83	愛知	1897	7月19日	学習塾
377	野田岩次郎	ホテルオークラ会長	1981(S56)	5月31日〜6月27日	28	84	長崎	1897	2月15日	東京高商
378	藤沢桓夫	作家	1981(S56)	6月28日〜7月23日	26	77	大阪	1904	7月12日	東大英文
379	服部良一	作曲家	1981(S56)	7月24日〜8月19日	27	74	大阪	1907	10月1日	大阪市立実践商業
380	大野　勇	森永乳業相談役	1981(S56)	8月20日〜9月14日	26	82	東京	1899	3月27日	慶應経済
381	町村金五	参議院議員	1981(S56)	9月15日〜10月12日	28	81	北海道	1900	8月16日	東大法
382	片柳真吉	農林中央金庫顧問	1981(S56)	10月13日〜11月8日	27	76	東京	1899	3月25日	東大法
383	鹿島一谷	彫金家・重文保持者	1981(S56)	11月10日〜12月4日	25	83	東京	1898	5月11日	小学校
384	安井　謙	前参議院議長	1981(S56)	12月5日〜12月31日	27	70	岡山	1911	3月22日	京大
385	土光敏夫	経団連名誉会長	1982(S57)	1月1日〜2月2日	33	86	岡山	1896	9月15日	東京高工
386	高柳健次郎	日本ビクター顧問	1982(S57)	2月3日〜3月4日	30	83	静岡	1899	1月20日	師範学校
387	山田徳兵衛	吉徳会長	1982(S57)	3月5日〜3月31日	27	86	東京	1896	5月14日	中央商業退
388	乾　豊彦	乾汽船会長	1982(S57)	4月1日〜4月26日	26	75	愛知	1907	1月28日	名大経済
389	庭野日敬	立正佼正会会長	1982(S57)	4月27日〜5月26日	30	76	新潟	1906	11月15日	小学校
390	北村西望	彫刻家	1982(S57)	5月27日〜6月24日	29	98	長崎	1884	12月16日	東京美術
391	佐藤　朔	仏文学者・元慶應塾長	1982(S57)	6月25日〜7月20日	26	77	東京	1905	11月1日	慶應文
392	河野一之	太陽神戸銀行相談役	1982(S57)	7月21日〜8月17日	28	75	広島	1907	8月2日	東大法
393	鈴木俊一	東京都知事	1982(S57)	8月18日〜9月14日	28	72	東京	1910	11月6日	東大法
394	藤原　啓	陶芸家	1982(S57)	9月15日〜10月11日	27	83	岡山	1899	2月28日	早大退
395	鈴木　剛	ホテルプラザ社長	1982(S57)	10月12日〜11月5日	25	86	広島	1896	7月25日	京大経済
396	長門美保	長門美保歌劇団会長	1982(S57)	11月6日〜12月3日	28	71	福岡	1911	6月23日	東京音大
397	春日野清隆	日本相撲協会理事長	1982(S57)	12月4日〜12月31日	28	57	東京	1925	2月20日	小学校
398	福田　一	衆議院議長	1983(S58)	1月1日〜1月31日	31	81	福井	1902	4月1日	東大法
399	東条猛猪	北海道拓殖銀行会長	1983(S58)	2月1日〜2月28日	28	73	高知	1910	1月29日	東大法
400	福井謙一	京都工芸繊維大学学長	1983(S58)	3月1日〜3月29日	29	65	奈良	1918	10月4日	京大工
401	東野英治郎	俳優	1983(S58)	3月30日〜4月24日	26	76	群馬	1907	9月17日	明治大商
402	田嶋一雄	ミノルタカメラ会長	1983(S58)	4月25日〜5月21日	27	84	和歌山	1899	11月20日	慶應経済

403	円地文子	作家	1983（S58）	5月22日～6月21日	31	78	東京	1905	10月2日	日本女子大退
404	三宅重光	東海銀行会長	1983（S58）	6月22日～7月16日	25	72	大阪	1911	2月27日	東大法
405	山口華楊	画家	1983（S58）	7月17日～8月13日	28	84	京都	1899	10月3日	京都絵専
406	宮本留吉	プロゴルファー	1983（S58）	8月14日～9月9日	27	81	兵庫	1902	9月25日	尋常高等小学校
407	丹下健三	建築家	1983（S58）	9月10日～10月10日	31	70	大阪	1913	9月4日	東大建築
408	田中文雄	王子製紙会長	1983（S58）	10月11日～11月6日	27	73	長野	1910	7月29日	九大農
409	牛場信彦	外務省顧問	1983（S58）	11月8日～12月6日	29	74	兵庫	1909	11月16日	東大法
410	宮崎　輝	旭化成工業社長	1983（S58）	12月7日～12月31日	25	74	長崎	1909	4月19日	東大法
411	立花大亀	臨済宗大徳寺派顧問	1984（S59）	1月1日～1月31日	31	84	大阪	1899	12月22日	堺私立実業高
412	柳家小さん	落語家	1984（S59）	2月1日～3月1日	30	69	長野	1915	1月2日	東京市立商業退
413	井上　薫	第一勧業銀行名誉会長	1984（S59）	3月2日～3月31日	30	78	千葉	1906	5月13日	東大経
414	鶴岡一人	元南海ホークス監督	1984（S59）	4月1日～4月30日	30	68	広島	1916	7月27日	法政大
415	福永健司	衆議院議長	1984（S59）	5月1日～5月29日	29	74	滋賀	1910	8月5日	東大法
416	市川右太衛門	俳優	1984（S59）	5月30日～6月24日	26	77	大阪	1907	2月25日	小学校
417	菊池庄次郎	日本郵船会長	1984（S59）	6月25日～7月20日	26	71	宮城	1912	3月1日	東大経
418	大社義規	日本ハム社長	1984（S59）	7月21日～8月18日	29	69	香川	1915	2月1日	高松高商
419	永井龍男	作家	1984（S59）	8月19日～9月17日	30	80	東京	1904	5月20日	英語学校
420	豊田英二	トヨタ自動車会長	1984（S59）	9月18日～10月15日	28	71	愛知	1913	9月12日	東大工
421	向坊　隆	元東大総長	1984（S59）	10月16日～11月11日	27	67	大連	1917	3月24日	東大工
422	春日野八千代	宝塚歌劇団理事	1984（S59）	11月12日～12月6日	25	69	兵庫	1915	11月12日	宝塚音楽歌劇
423	梁瀬次郎	ヤナセ社長	1984（S59）	12月7日～12月31日	25	68	東京	1916	6月28日	慶應経
424	槇田久生	日本鋼管会長	1985（S60）	1月1日～1月28日	28	76	長崎	1909	12月13日	東商大
425	勝間田清一	衆議院副議長	1985（S60）	1月29日～2月28日	31	77	静岡	1908	2月11日	京大農
426	宮崎辰雄	神戸市長	1985（S60）	3月1日～3月31日	31	74	京都	1911	9月3日	立命館法
427	西澤潤一	東北大学教授	1985（S60）	4月1日～4月30日	30	59	宮城	1926	9月12日	東北大工
428	中村　元	インド哲学者	1985（S60）	5月1日～5月31日	31	73	島根	1912	11月28日	東大哲
429	斎藤英四郎	新日本製鐵会長	1985（S60）	6月1日～7月2日	32	74	新潟	1911	11月22日	東大経

430	吉田　正	作曲家	1985（S60）	7月3日～7月31日	29	65	茨城	1921	1月20日	日立工業専修学校
431	川崎大次郎	第百生命保険会長	1985（S60）	8月1日～8月31日	31	79	東京	1906	10月	ケニオン米大
432	上村松篁	画家	1985（S60）	9月1日～10月1日	31	83	京都	1902	11月4日	京都絵画専門学校
433	田鍋　健	積水ハウス社長	1985（S60）	10月2日～10月31日	30	73	大阪	1912	10月21日	東大
434	田宮虎彦	作家	1985（S60）	11月1日～12月1日	31	74	東京	1911	8月5日	東大国
435	古橋廣之進	日本水泳連盟会長	1985（S60）	12月2日～12月31日	30	71	静岡	1928	9月16日	日大
436	二階堂進	自由民主党副総裁	1986（S61）	1月1日～1月31日	31	77	鹿児島	1909	10月16日	南カリフォルニア大院
437	小平邦彦	東大名誉教授	1986（S61）	2月1日～3月3日	31	71	東京	1915	3月16日	東大物理
438	素野福次郎	TDK会長	1986（S61）	3月4日～3月31日	28	74	兵庫	1912	8月27日	神戸高工
439	林屋辰三郎	歴史学者	1986（S61）	4月1日～4月30日	30	72	石川	1914	4月14日	京大史学
440	山田光成	日本信販会長	1986（S61）	5月1日～5月31日	31	79	愛知	1907	4月22日	慶應
441	黒田暲之助	コクヨ会長	1986（S61）	6月1日～6月30日	30	70	大阪	1916	6月25日	慶應高等科
442	進藤貞和	三菱電機名誉会長	1986（S61）	7月1日～7月31日	31	76	広島	1910	3月4日	九大電気
443	笠　智衆	俳優	1986（S61）	8月1日～8月31日	31	82	熊本	1904	5月13日	東洋大退
444	柏木雄介	東京銀行会長	1986（S61）	9月1日～10月2日	32	69	大連	1917	10月17日	東大法
445	畑　和	埼玉県知事	1986（S61）	10月3日～11月1日	30	76	埼玉	1910	9月29日	東大法
446	千　宗室	裏千家家元	1986（S61）	11月2日～12月2日	31	63	京都	1923	4月19日	同志社大
447	別所毅彦	野球解説者	1986（S61）	12月3日～12月31日	29	64	兵庫	1922	10月1日	日大専門退
448	日向方斉	関西経団連会長	1987（S62）	1月1日～1月31日	31	81	山梨	1906	2月24日	東大法
449	香取正彦	鋳金家	1987（S62）	2月1日～2月28日	28	88	東京	1899	1月15日	東京美術
450	水野健次郎	美津濃社長	1987（S62）	3月1日～3月31日	31	73	大阪	1913	10月7日	阪大理
451	原　健三郎	衆議院議長	1987（S62）	4月1日～4月30日	30	80	兵庫	1907	2月6日	早大政・オレゴン大大学院
452	山下　勇	JR東日本会長	1987（S62）	5月1日～5月31日	31	76	東京	1911	2月15日	東大工
453	南部忠平	鳥取女子短大学長	1987（S62）	6月1日～6月30日	30	83	北海道	1904	5月24日	早大
454	坂口幸雄	日清製油会長	1987（S62）	7月1日～7月31日	31	86	長野	1901	2月24日	東亜同文書院
455	流　政之	彫刻家	1987（S62）	8月1日～8月31日	31	64	長崎	1923	2月14日	立命館法文退
456	木下恵介	映画監督	1987（S62）	9月1日～9月30日	30	75	静岡	1912	12月5日	浜松工業

457	葉上照澄	比叡山長臈	1987（S62）	10月1日〜10月31日	31	84	岡山	1903	8月15日	東大哲学
458	小林宏治	日本電気会長	1987（S62）	11月1日〜11月30日	30	80	山梨	1907	2月17日	東大工
459	阿川弘之	作家	1987（S62）	12月1日〜12月31日	31	67	広島	1920	12月24日	東大文
460	金丸　信	衆議院議員	1987（S62）	1月1日〜1月31日	31	73	山梨	1914	9月17日	東農大
461	二子山勝治	日本相撲協会理事長	1988（S63）	2月1日〜2月29日	29	60	青森	1928	3月16日	国民学校
462	朝海浩一郎	元駐米大使	1988（S63）	3月1日〜3月31日	31	82	栃木	1906	3月15日	東京商大
463	辻　久子	バイオリニスト	1988（S63）	4月1日〜4月30日	30	62	大阪	1926	3月16日	相愛女学園退
464	岩村英郎	川崎製鉄会長	1988（S63）	5月1日〜5月31日	31	72	大阪	1915	9月13日	東大工
465	佐藤忠良	彫刻家	1988（S63）	6月1日〜6月30日	30	76	宮城	1912	7月4日	東京美術
466	坂田道太	前衆議院議長	1988（S63）	7月1日〜7月31日	31	72	熊本	1916	7月18日	東大独
467	水上　勉	作家	1988（S63）	8月1日〜8月31日	31	69	福井	1919	3月8日	立命館退
468	本坊豊吉	薩摩酒造社長	1988（S63）	9月1日〜9月30日	30	83	鹿児島	1905	8月1日	慶應法
469	田河水泡	漫画家	1988（S63）	10月1日〜10月31日	31	89	東京	1899	2月101日	日本美術学校
470	杉浦敏介	日本長期信用銀行会長	1988（S63）	11月1日〜11月30日	30	77	東京	1911	11月13日	東大法
471	生江義男	桐朋学園理事長	1988（S63）	12月1日〜12月31日	31	71	宮城	1917	3月2日	東文理大
472	藤林益三	元最高裁判所長官	1989（H1）	1月1日〜1月31日	31	82	京都	1907	8月26日	東大法
473	市川　崑	映画監督	1989（H1）	2月1日〜2月28日	28	74	三重	1915	11月20日	
474	五島　昇	日本商工会議所名誉会頭	1989（H1）	3月1日〜3月31日	31	73	東京	1916	8月21日	東大経
475	團　伊玖磨	作曲家	1989（H1）	4月1日〜4月30日	30	65	東京	1924	4月7日	東京音楽校
476	鈴木治雄	昭和電工名誉会長	1989（H1）	5月1日〜5月31日	31	76	神奈川	1913	3月31日	東大法
477	遠藤周作	作家	1989（H1）	6月1日〜6月30日	30	66	東京	1923	3月27日	慶應文
478	岩谷直治	岩谷産業会長	1989（H1）	7月1日〜7月31日	31	86	島根	1903	3月7日	大田農業
479	片岡仁左衛門	歌舞伎俳優	1989（H1）	8月1日〜8月31日	31	86	東京	1903	12月15日	
480	永倉三郎	九州電力前会長	1989（H1）	9月1日〜9月30日	30	79	佐賀	1910	2月15日	東大経
481	山村雄一	大阪大学前学長	1989（H1）	10月1日〜10月31日	31	71	大阪	1918	7月27日	阪大医学
482	西岡常一	宮大工棟梁	1989（H1）	11月1日〜11月30日	30	81	奈良	1908	9月4日	生駒農学校
483	八尋俊郎	三井物産会長	1989（H1）	12月1日〜12月31日	31	74	東京	1915	2月1日	東京商大

484	谷村　裕	元東証理事長	1990(H2)	1月1日～1月31日	31	74	東京	1916	3月26日	東大法
485	小田　稔	理化学研究所理事長	1990(H2)	2月1日～2月28日	28	67	北海道	1923	2月24日	阪大理
486	細川護貞	日本ゴルフ協会会長	1990(H2)	3月1日～3月31日	31	78	東京	1912	7月17日	京大法
487	田中精一	中部電力会長	1990(H2)	4月1日～4月30日	30	79	佐賀	1911	4月26日	慶應
488	佐藤愛子	作家	1990(H2)	5月1日～5月31日	31	67	大阪	1923	11月5日	双葉学園退
489	磯崎　叡	サンシャインシティ相談役	1990(H2)	6月1日～6月30日	30	78	東京	1912	8月16日	東大法
490	鬼塚喜八郎	アシックス社長	1990(H2)	7月1日～7月31日	31	72	鳥取	1918	5月29日	鳥取中学
491	隅谷正峯	刀剣作家	1990(H2)	8月1日～8月31日	31	69	石川	1921	1月24日	立命館
492	日野原重明	聖路加看護大学学長	1990(H2)	9月1日～9月30日	30	79	山口	1911	10月4日	京大医
493	塚本幸一	ワコール会長	1990(H2)	10月1日～10月31日	31	70	宮城	1920	9月17日	八幡商業
494	平山郁夫	日本画家	1990(H2)	11月1日～11月30日	30	60	広島	1930	6月15日	東京美術
495	春名和雄	丸紅会長	1990(H2)	12月1日～12月31日	31	71	神奈川	1919	3月15日	東亜同文書院
496	後藤田正晴	衆議院議員	1991(H3)	1月1日～1月31日	31	77	徳島	1914	8月9日	東大法
497	伊谷純一郎	人類学者	1991(H3)	2月1日～2月28日	28	65	鳥取	1926	5月9日	京大理
498	河盛好蔵	フランス文学者	1991(H3)	3月1日～3月31日	31	89	大阪	1902	10月4日	京大文
499	勝田龍夫	日本債券信用銀行会長	1991(H3)	4月1日～4月30日	30	79	東京	1912	2月22日	京大法
500	J・W・フルブライト	元米上院議員	1991(H3)	5月1日～5月31日	31	86	米国	1905	4月9日	ワシントン大
501	石井好子	歌手	1991(H3)	6月1日～6月30日	30	69	東京	1922	8月4日	東京藝大
502	新井正明	住友生命保険名誉会長	1991(H3)	7月1日～7月31日	31	78	群馬	1912	12月1日	東大法
503	樫尾忠雄	カシオ計算機相談役	1991(H3)	8月1日～8月31日	31	74	高知	1917	11月26日	早稲田工手
504	吉田玉男	文楽人形遣い	1991(H3)	9月1日～9月30日	30	72	大阪	1919	1月7日	高等小学校
505	石橋信夫	大和ハウス工業会長	1991(H3)	10月1日～10月31日	31	70	奈良	1921	9月9日	吉野林業学校
506	森　泰吉郎	森ビル社長	1991(H3)	11月1日～11月30日	30	87	東京	1904	3月1日	東京商大
507	平良敏子	沖縄芭蕉布保存会会長	1991(H3)	12月1日～12月31日	31	70	沖縄	1921	2月14日	高等小学校
508	中曽根康弘	元首相	1992(H4)	1月1日～1月31日	31	74	群馬	1918	5月27日	東大法
509	矢口洪一	前最高裁判所長官	1992(H4)	2月1日～2月29日	29	72	京都	1920	2月20日	京大法
510	小倉武一	農政研究センター会長	1992(H4)	3月1日～3月31日	31	82	福井	1910	10月2日	東大法

511	堀場雅夫	堀場製作所会長	1992(H4)	4月1日~4月30日	30	68	京都	1924	12月1日	京大理
512	瀬戸内寂聴	作家	1992(H4)	5月1日~5月31日	31	70	徳島	1922	5月15日	東京女子大
513	平松守彦	大分県知事	1992(H4)	6月1日~6月30日	30	68	大分	1924	3月12日	東大法
514	加山又造	日本画家	1992(H4)	7月1日~7月31日	31	65	京都	1927	9月24日	東京美術
515	西本幸雄	野球解説者	1992(H4)	8月1日~8月31日	31	72	和歌山	1920	4月25日	立教大
516	土井たか子	衆議院議員	1992(H4)	9月1日~9月30日	30	64	兵庫	1928	11月30日	同志社大院
517	吉野俊彦	山一證券(研)特別顧問	1992(H4)	10月1日~10月31日	31	77	東京	1915	7月4日	東大法
518	中山善郎	コスモ石油会長	1992(H4)	11月1日~11月30日	30	78	東京	1914	2月12日	福島高商
519	山田恵諦	天台座主	1992(H4)	12月1日~12月31日	31	97	兵庫	1895	12月1日	天台宗西部大学
520	福田赳夫	元首相	1993(H5)	1月1日~1月31日	31	88	群馬	1905	1月14日	東大法
521	藤沢秀行	囲碁王座	1993(H5)	2月1日~2月28日	28	68	神奈川	1925	6月19日	小学校
522	賀来龍三郎	キヤノン会長	1993(H5)	3月1日~3月31日	31	67	愛知	1926	5月19日	九大経
523	佐治敬三	サントリー会長	1993(H5)	4月1日~4月30日	30	74	大阪	1919	11月1日	阪大理
524	中村真一郎	作家	1993(H5)	5月1日~5月31日	31	75	東京	1918	3月5日	東大文
525	秋山庄太郎	写真家	1993(H5)	6月1日~6月30日	30	73	東京	1920	6月8日	早大商
526	村田　昭	村田製作所会長	1993(H5)	7月1日~7月31日	31	72	京都	1921	3月25日	京都第一商業
527	ジョージ川口	ジャズ・ドラマー	1993(H5)	8月1日~8月31日	31	66	京都	1927	6月15日	満州飛行学校
528	石井　久	立花証券会長	1993(H5)	9月1日~9月30日	30	70	福岡	1923	5月13日	技術幹部養成所
529	澄田　智	前日銀総裁	1993(H5)	10月1日~10月31日	31	77	群馬	1916	9月4日	東大法
530	杉村　隆	国立がんセンター総長	1993(H5)	11月1日~11月30日	30	67	東京	1926	4月20日	東大医学
531	マナブ間部	画家	1993(H5)	12月1日~12月31日	31	69	熊本	1924	9月14日	小学校
532	桜内義雄	前衆院議長	1994(H6)	1月1日~1月31日	31	82	東京	1912	5月8日	慶應経
533	石川忠雄	前慶應義塾長	1994(H6)	2月1日~2月28日	28	72	東京	1922	1月21日	慶應経
534	高木文雄	横浜みなとみらい21社長	1994(H6)	3月1日~3月31日	31	75	東京	1919	4月6日	東大法
535	森　英恵	デザイナー	1994(H6)	4月1日~4月30日	30	68	島根	1926	1月8日	東京女子大
536	小坂善太郎	日本国連協会会長・元外相	1994(H6)	5月1日~5月31日	31	82	長野	1912	1月23日	一橋大
537	竹見淳一	日本ガイシ相談役	1994(H6)	6月1日~6月30日	30	77	東京	1917	6月19日	慶應法

538	江上波夫	考古学・東洋史学者	1994(H6)	7月1日～7月31日	31	88	山口	1906	11月6日	東大文
539	中村雀右衛門(4代目)	歌舞伎俳優	1994(H6)	8月1日～8月31日	31	74	東京	1920	8月20日	暁星退
540	松沢卓二	富士銀行相談役	1994(H6)	9月1日～9月30日	30	81	東京	1913	7月17日	東大法
541	茂山千作(4世)	狂言師	1994(H6)	10月1日～10月31日	31	75	京都	1919	12月28日	京美高退
542	石原　俊	日産自動車相談役	1994(H6)	11月1日～11月30日	30	82	東京	1912	3月3日	東北大
543	宇野　収	東洋紡相談役	1994(H6)	12月1日～12月31日	31	77	京都	1917	5月29日	東大法
544	原　文兵衛	参議院議長	1995(H7)	1月1日～1月31日	31	82	東京	1913	4月29日	東大法
545	ゴードン・ムーア	インテル会長	1995(H7)	2月1日～2月28日	28	66	米国	1929	1月3日	カリフォルニア工科大大学院
546	猪谷千春	国際オリンピック委員会委員	1995(H7)	3月1日～3月31日	31	64	国後	1931	5月20日	ダートマス大学
547	稲葉興作	日本商工会議所会頭	1995(H7)	4月1日～4月30日	30	71	シンガポール	1924	1月16日	東工大
548	横尾忠則	画家	1995(H7)	5月1日～5月31日	31	59	兵庫	1936	6月27日	西脇高校
549	永山武臣	松竹会長	1995(H7)	6月1日～6月30日	30	70	東京	1925	8月30日	京大経
550	マーガレット・サッチャー	前英国首相	1995(H7)	7月1日～7月31日	31	70	英国	1925	10月13日	オックスフォード大学化学
551	辻　清明	陶芸家	1995(H7)	8月1日～8月31日	31	68	東京	1927	1月4日	
552	舘　豊夫	三菱自動車相談役	1995(H7)	9月1日～9月30日	30	75	東京	1920	1月3日	東大
553	黒岩重吾	作家	1995(H7)	10月1日～10月31日	31	71	大阪	1924	2月25日	同志社
554	マハティール・モハマド	マレーシア首相	1995(H7)	11月1日～11月30日	30	70	マレーシア	1925	12月20日	ケンブリッジ学外検定
555	斉藤茂太	精神科医	1995(H7)	12月1日～12月31日	31	79	東京	1916	3月21日	慶應医
556	梅棹忠夫	国立民族学博物館顧問	1996(H8)	1月1日～1月31日	31	76	京都	1920	6月13日	京大理
557	鈴木英夫	兼松名誉顧問	1996(H8)	2月1日～2月29日	29	74	静岡	1922	1月4日	東京商大
558	両角良彦	総合エネルギー調査会長	1996(H8)	3月1日～3月31日	31	77	長野	1919	10月4日	東大法
559	ピエール・カルダン	デザイナー・実業家	1996(H8)	4月1日～4月30日	30	73	イタリア	1922	7月2日	
560	安岡章太郎	作家	1996(H8)	5月1日～5月31日	31	76	高知	1920	4月18日	慶應文
561	村山富市	社会民主党党首	1996(H8)	6月1日～6月30日	30	72	大分	1924	3月3日	明治大
562	金子兜太	俳人・現代俳句協会長	1996(H8)	7月1日～7月31日	31	77	埼玉	1919	9月23日	東大経
563	山岸　章	前連合会長	1996(H8)	8月1日～8月31日	31	67	大阪	1929	7月18日	金沢逓信講習所
564	横河正三	横河電機名誉会長	1996(H8)	9月1日～9月30日	30	82	東京	1914	8月31日	慶應経

565	山田洋次	映画監督	1996(H8)	10月1日～10月31日	31	65	大阪	1931	9月13日	東大法
566	諸橋晋六	三菱商事会長	1996(H8)	11月1日～11月30日	30	74	東京	1922	7月13日	上智大
567	坂本五郎	古美術商「不言堂」初代	1996(H8)	12月1日～12月31日	31	73	神奈川	1923	8月31日	小学校
568	渡辺　格	慶應義塾大学名誉教授	1997(H9)	1月1日～1月31日	31	81	島根	1916	9月27日	東大理学
569	杉下　茂	野球解説者	1997(H9)	2月1日～2月28日	28	72	東京	1925	9月17日	明治大専門部
570	山路敬三	日本テトラパック会長	1997(H9)	3月1日～3月31日	31	69	愛知	1927	12月26日	東大理
571	八城政基	シティバンク在日代表	1997(H9)	4月1日～4月30日	30	68	東京	1929	2月14日	京大・東大院
572	田辺聖子	作家	1997(H9)	5月1日～5月31日	31	69	大阪	1928	3月27日	樟蔭女子専
573	山中貞則	衆議院議員	1997(H9)	6月1日～6月30日	30	76	鹿児島	1921	7月9日	台北師範
574	飯田善国	彫刻家	1997(H9)	7月1日～7月31日	31	74	栃木	1923	7月10日	東京藝大
575	池部　良	俳優	1997(H9)	8月1日～8月31日	31	79	東京	1918	8月20日	立教大文
576	孫　平化	中日友好協会会長	1997(H9)	9月1日～9月30日	30	80	中国	1917	10月5日	東工大
577	福原義春	資生堂会長	1997(H9)	10月1日～10月31日	31	66	東京	1931	3月14日	慶應経
578	坂倉芳明	三越相談役	1997(H9)	11月1日～11月30日	30	76	東京	1921	10月29日	慶應経
579	淀川長治	映画評論家	1997(H9)	12月1日～12月31日	31	88	兵庫	1909	4月10日	日大
580	スハルト	インドネシア大統領	1998(H10)	1月1日～1月31日	31	77	インドネシア	1921	6月8日	陸軍下士官学校
581	ミヤコ蝶々	女優	1998(H10)	2月1日～2月28日	28	78	東京	1920	7月6日	小学校
582	永野　健	三菱マテリアル相談役	1998(H10)	3月1日～3月31日	31	75	広島	1923	3月17日	東大工
583	土屋義彦	埼玉県知事	1998(H10)	4月1日～4月30日	30	72	茨城	1926	5月31日	中央大
584	庄野潤三	作家	1998(H10)	5月1日～5月31日	31	77	大阪	1921	2月9日	九大文
585	佐波正一	東芝相談役	1998(H10)	6月1日～6月30日	30	79	東京	1919	2月28日	東大電気
586	伊部恭之助	住友銀行最高顧問	1998(H10)	7月1日～7月31日	31	90	東京	1908	7月28日	東大経
587	ヘルムート・マウハー	ネスレ会長	1998(H10)	8月1日～8月31日	31	71	ドイツ	1927	12月9日	フランクフルト大
588	石橋政嗣	日本社会党委員長	1998(H10)	9月1日～9月30日	30	74	台湾	1924	10月6日	陸軍士官学校
589	樋口隆康	京都大学名誉教授	1998(H10)	10月1日～10月31日	31	79	福岡	1919	6月1日	京大文考古学
590	長谷川薫	レンゴー社長	1998(H10)	11月1日～11月30日	30	74	愛知	1924	4月15日	学習院
591	渡辺文夫	東京海上火災相談役	1998(H10)	12月1日～12月31日	31	81	東京	1917	3月28日	東大法

592	リー・クワンユー	シンガポール上級相	1999(H11)	1月1日~1月31日	31	76	シンガポール	1923	9月16日	ケンブリッジ大
593	清岡卓行	詩人・作家	1999(H11)	2月1日~2月28日	28	77	大連	1922	6月29日	東大仏
594	山本卓眞	富士通名誉会長	1999(H11)	3月1日~3月31日	31	74	熊本	1925	9月11日	東大電気
595	竹本住大夫(7代目)	文楽太夫	1999(H11)	4月1日~4月30日	30	75	大阪	1924	10月28日	近大
596	江頭匡一	ロイヤル創業者	1999(H11)	5月1日~5月31日	31	76	福岡	1923	3月25日	明治専門退
597	アルベルト・フジモリ	ペルー共和国大統領	1999(H11)	6月1日~6月30日	30	61	ペルー	1938	7月28日	仏・米留学
598	高橋政知	オリエンタルランド相談役	1999(H11)	7月1日~7月31日	31	86	福島	1913	9月4日	東大法
599	渡辺貞夫	ジャズ演奏家	1999(H11)	8月1日~8月31日	31	66	栃木	1933	2月1日	バークリー音楽院
600	マイク・マンスフィールド	元駐日米大使	1999(H11)	9月1日~9月30日	30	96	米国	1903	3月16日	モンタナ大修士
601	牛尾治朗	ウシオ電機会長	1999(H11)	10月1日~10月31日	31	68	兵庫	1931	2月12日	東大政
602	上山善紀	近畿日本鉄道相談役	1999(H11)	11月1日~11月30日	30	85	新潟	1914	9月21日	京大法
603	白川　静	立命館大学名誉教授	1999(H11)	12月1日~12月31日	31	89	福井	1910	4月9日	立命館
604	中内　㓛	ダイエー会長	2000(H12)	1月1日~1月31日	31	78	大阪	1922	8月2日	神戸大夜間
605	園田高弘	ピアニスト	2000(H12)	2月1日~2月29日	29	72	東京	1928	9月17日	東京音楽学校
606	奥田元宋	日本画家	2000(H12)	3月1日~3月31日	31	88	広島	1912	6月7日	
607	明石　康	前国連事務次長	2000(H12)	4月1日~4月30日	30	69	秋田	1931	1月19日	東大文
608	二上達也	日本将棋連盟会長	2000(H12)	5月1日~5月31日	31	68	北海道	1932	1月2日	函館中
609	ボブ・ガルビン	米モトローラ元会長	2000(H12)	6月1日~6月30日	30	77	米国	1922	10月9日	ノートルダム商退
610	山根有三	東大名誉教授	2000(H12)	7月1日~7月31日	31	81	大阪	1919	2月27日	東大文
611	大鵬幸喜	第48代横綱	2000(H12)	8月1日~8月31日	31	60	樺太	1940	5月29日	定時制高
612	岸本忠三	阪大学長	2000(H12)	9月1日~9月30日	30	61	大阪	1939	5月7日	医学
613	椎名武雄	日本IBM最高顧問	2000(H12)	10月1日~10月31日	31	71	岐阜	1929	5月11日	バックネル大工
614	三浦哲郎	作家	2000(H12)	11月1日~11月30日	30	69	青森	1931	3月16日	早大政経
615	藤田喬平	ガラス造形家	2000(H12)	12月1日~12月31日	31	79	東京	1921	4月28日	東京美術
616	樋口廣太郎	アサヒビール名誉会長	2001(H13)	1月1日~1月31日	31	75	京都	1926	1月25日	京大経
617	松永信雄	元駐米大使	2001(H13)	2月1日~28日	28	78	東京	1923	1月16日	東大法
618	稲盛和夫	京セラ名誉会長	2001(H13)	3月1日~3月31日	31	69	鹿児島	1932	1月21日	鹿児島工

619	中村富十郎（5代目）	歌舞伎俳優	2001（H13）	4月1日～4月30日	30	72	東京	1929	6月4日	慶應普通
620	梅原　猛	哲学者	2001（H13）	5月1日～5月31日	31	76	宮城	1925	3月20日	京大哲
621	飯田　亮	セコム創業者	2001（H13）	6月1日～6月30日	30	68	東京	1933	4月1日	学習院政治経済
622	稲尾和久	元西鉄ライオンズ投手	2001（H13）	7月1日～7月31日	31	64	大分	1937	6月10日	緑ヶ丘高
623	村上信夫	帝国ホテル料理顧問	2001（H13）	8月1日～8月31日	31	80	東京	1921	5月27日	小学校
624	安藤百福	日清食品会長	2001（H13）	9月1日～9月30日	30	91	台湾	1910	3月5日	立命館
625	ジャック・ウェルチ	前米GE会長	2001（H13）	10月1日～10月31日	31	66	米国	1935	11月19日	イリノイ大学院
626	桂　米朝	落語家	2001（H13）	11月1日～11月30日	30	76	大連	1925	11月6日	大東文化大退
627	根本二郎	日本郵船会長	2001（H13）	12月1日～12月31日	31	73	千葉	1928	11月1日	東大法
628	小倉昌男	ヤマト福祉財団理事長	2002（H14）	1月1日～1月31日	31	78	東京	1924	12月13日	東大経
629	後藤康男	安田火災海上名誉会長	2002（H14）	2月1日～2月28日	28	79	愛媛	1923	3月6日	法政大経
630	宇沢弘文	東大名誉教授	2002（H14）	3月1日～3月31日	31	74	鳥取	1928	7月21日	東大数
631	加藤卓男	陶芸家	2002（H14）	4月1日～4月30日	30	85	岐阜	1917	9月12日	京都国立磁器試験所
632	船村　徹	作曲家	2002（H14）	5月1日～5月31日	31	70	栃木	1932	6月12日	東洋音楽学校
633	中邨秀雄	吉本興業会長	2002（H14）	6月1日～6月30日	30	70	大阪	1932	10月20日	関学文
634	石川六郎	鹿島名誉会長	2002（H14）	7月1日～7月31日	31	77	東京	1925	11月5日	東大工
635	栄久庵憲司	インダストリアル・デザイナー	2002（H14）	8月1日～8月31日	31	73	東京	1929	9月11日	東京藝大図案
636	岡田　茂	東映相談役	2002（H14）	9月1日～9月30日	30	78	広島	1924	3月2日	東大経
637	河合雅雄	人類学者	2002（H14）	10月1日～10月31日	31	78	兵庫	1924	1月2日	京大理学
638	ルイス・ガースナー	米IBM会長	2002（H14）	11月1日～11月30日	30	60	米国	1942	3月1日	ハーバード・ビジネス
639	山本富士子	女優	2002（H14）	12月1日～12月31日	31	71	大阪	1931	12月11日	京府女高
640	大賀典雄	ソニー会長	2003（H15）	1月1日～1月31日	31	73	静岡	1930	1月29日	東京藝大声楽
641	小柴昌俊	東大名誉教授	2003（H15）	2月1日～2月28日	28	77	愛知	1926	9月19日	東大物理
642	有馬頼底	京都仏教会理事長	2003（H15）	3月1日～3月31日	31	70	東京	1933	2月10日	旧制中学退
643	伊藤雅俊	イトーヨーカ堂名誉会長	2003（H15）	4月1日～4月30日	30	79	東京	1924	4月30日	横浜市立商業
644	阿久　悠	作詞家・作家	2003（H15）	5月1日～5月31日	31	66	兵庫	1937	2月7日	明治大
645	林原　健	林原社長	2003（H15）	6月1日～6月30日	30	61	岡山	1942	1月12日	慶應法

646	林　海峰	囲碁棋士・名誉天元	2003(H15)	7月1日～7月31日	31	61	中国	1942	5月6日	中華中
647	水木しげる	漫画家	2003(H15)	8月1日～8月31日	31	81	大阪	1922	3月8日	武蔵野美術退
648	井植　敏	三洋電機会長兼CEO	2003(H15)	9月1日～9月30日	30	71	東京	1932	2月28日	同志社工
649	岩城宏之	指揮者	2003(H15)	10月1日～10月31日	31	71	東京	1932	9月6日	東京藝大
650	フィデル・V・ラモス	元フィリピン大統領	2003(H15)	11月1日～11月30日	30	75	フィリピン	1928	3月18日	米国陸軍士官学校
651	今村昌平	映画監督	2003(H15)	12月1日～12月31日	31	77	東京	1926	9月15日	早大文
652	J・K・ガルブレイス	米経済学者	2004(H16)	1月1日～1月31日	31	96	カナダ	1908	10月15日	カリフォルニア大バークレー校
653	松原　治	紀伊國屋書店会長兼CEO	2004(H16)	2月1日～2月29日	29	86	山口	1917	10月7日	東大法
654	岡田卓也	イオン名誉会長	2004(H16)	3月1日～3月31日	31	79	三重	1925	9月19日	早大
655	長岡　實	元東京証券取引所理事長	2004(H16)	4月1日～4月30日	30	80	東京	1924	5月16日	東大法
656	野見山暁治	洋画家	2004(H16)	5月1日～5月31日	31	84	福岡	1920	12月17日	東京美大
657	陳　舜臣	作家	2004(H16)	6月1日～6月30日	30	80	兵庫	1924	2月18日	大阪外大印度語
658	矢嶋英敏	島津製作所会長	2004(H16)	7月1日～7月31日	31	69	群馬	1935	1月25日	慶應文
659	山口淑子	元参議院議員	2004(H16)	8月1日～8月31日	31	84	中国	1920	2月12日	翊教女子中学
660	金森久雄	エコノミスト	2004(H16)	9月1日～9月30日	30	80	東京	1924	4月5日	東大法
661	ポール・ボルカー	元FRB議長	2004(H16)	10月1日～10月31日	31	77	米国	1927	9月5日	ハーバード大
662	武田國男	武田薬品工業会長	2004(H16)	11月1日～11月30日	30	64	兵庫	1940	1月15日	甲南大経
663	河野洋平	衆議院議長	2004(H16)	12月1日～12月31日	31	67	神奈川	1937	1月15日	早大政経
664	中村鴈治郎(4代目)	歌舞伎俳優	2005(H17)	1月1日～1月31日	31	74	京都	1931	12月31日	東山学園
665	ピーター・ドラッカー	経営学者・米クレアモント大学教授	2005(H17)	2月1日～2月28日	28	96	オーストリア	1909	11月19日	フランクフルト大
666	石坂公成	免疫学者	2005(H17)	3月1日～3月31日	31	80	東京	1925	12月3日	東大医
667	米山　稔	ヨネックス会長	2005(H17)	4月1日～4月30日	30	81	新潟	1924	10月15日	高等小学校
668	加藤　寛	千葉商科大学名誉学長	2005(H17)	5月1日～5月31日	31	79	岩手	1926	4月3日	慶應経済
669	野村克也	シダックス監督	2005(H17)	6月1日～6月30日	30	70	京都	1935	6月29日	峰山高
670	島野喜三	シマノ会長	2005(H17)	7月1日～7月31日	31	70	大阪	1934	11月27日	慶應経
671	篠田正浩	映画監督	2005(H17)	8月1日～8月31日	31	74	岐阜	1931	3月9日	早大文
672	佐藤安弘	キリンビール相談役	2005(H17)	9月1日～9月30日	30	69	東京	1936	2月7日	早大商

673	ルイ・シュバイツァー	ルノー会長	2005(H17)	10月1日〜10月31日	31	63	スイス	1942	7月8日	国立行政学院
674	仲代達矢	俳優	2005(H17)	11月1日〜11月30日	30	73	東京	1932	12月13日	定時制高校
675	片山九郎右衛門(9代)	能楽師	2005(H17)	12月1日〜12月31日	31	75	京都	1930	8月26日	平安中学
676	北　杜夫	作家	2006(H18)	1月1日〜1月31日	31	79	東京	1927	5月1日	東北大医
677	ジャック・ニクラウス	プロゴルファー	2006(H18)	2月1日〜2月28日	28	66	米国	1940	1月21日	オハイオ州立大
678	早石　修	生化学者	2006(H18)	3月1日〜3月31日	31	86	米国	1920	1月8日	阪大医
679	宮澤喜一	元首相	2006(H18)	4月1日〜4月30日	30	86	東京	1919	10月8日	東大法
680	金川千尋	信越化学工業社長	2006(H18)	5月1日〜5月31日	31	80	韓国	1926	3月15日	東大法
681	遠藤　実	作曲家	2006(H18)	6月1日〜6月30日	30	74	東京	1932	7月6日	高等小学校
682	小松左京	SF作家	2006(H18)	7月1日〜7月31日	31	75	大阪	1931	1月28日	京大文
683	小堀宗慶(12世)	遠州茶道宗家	2006(H18)	8月1日〜8月31日	31	83	東京	1923	1月14日	東京美術学校
684	三浦雄一郎	プロスキーヤー	2006(H18)	9月1日〜9月30日	30	74	青森	1932	10月12日	北海道大
685	行天豊雄	国際通貨研究所理事長	2006(H18)	10月1日〜10月31日	31	75	神奈川	1931	1月2日	早大、東大経
686	江頭邦雄	味の素会長	2006(H18)	11月1日〜11月30日	30	69	長崎	1937	10月1日	一橋大
687	渡邉恒雄	読売新聞主筆	2006(H18)	12月1日〜12月31日	31	80	東京	1926	5月30日	東大院
688	江崎玲於奈	物理学者	2007(H19)	1月1日〜1月31日	31	82	大阪	1925	3月12日	東大理学
689	井上礼之	ダイキン工業会長	2007(H19)	2月1日〜2月28日	28	72	京都	1935	3月10日	同志社経
690	宮城まり子	ねむの木学園・園長	2007(H19)	3月1日〜3月31日	31	80	東京	1927	3月21日	小学校
691	鈴木敏文	セブン&アイホールディング会長	2007(H19)	4月1日〜4月30日	30	75	長野	1932	12月1日	中央大経
692	新藤兼人	映画監督・脚本家	2007(H19)	5月1日〜5月31日	31	95	広島	1912	4月22日	小学校
693	吉田庄一郎	ニコン相談役	2007(H19)	6月1日〜6月30日	30	75	東京	1932	8月25日	東大工
694	長嶋茂雄	読売巨人軍終身名誉監督	2007(H19)	7月1日〜7月31日	31	71	千葉	1936	2月20日	立教大
695	森　澄雄	俳誌「杉」主宰	2007(H19)	8月1日〜8月31日	31	88	兵庫	1919	2月28日	九大法文
696	吉田簑助(3代目)	文楽人形遣い	2007(H19)	9月1日〜9月30日	30	74	大阪	1933	8月8日	小学校
697	青木昌彦	スタンフォード大学名誉教授	2007(H19)	10月1日〜10月31日	31	69	愛知	1938	4月1日	東大経済
698	田淵節也	野村證券元会長	2007(H19)	11月1日〜11月30日	30	84	岡山	1923	10月25日	京大法
699	森　光子	女優	2007(H19)	12月1日〜12月31日	31	87	京都	1920	5月9日	府立第一高女退

700	アラン・グリーンスパン	前FRB議長	2008(H20)	1月1日～1月31日	31	82	米国	1926	3月6日	コロンビア大
701	川渕三郎	日本サッカー協会会長	2008(H20)	2月1日～2月29日	29	72	大阪	1936	12月3日	早大商
702	潮田健次郎	住生活グループ前会長	2008(H20)	3月1日～3月31日	31	82	東京	1926	6月4日	小学校
703	扇　千景	前参議院議長	2008(H20)	4月1日～4月30日	30	75	兵庫	1933	5月10日	宝塚音楽学校
704	谷川健一	民俗学者	2008(H20)	5月1日～5月31日	31	87	熊本	1921	7月28日	東大文
705	吉田義男	元阪神タイガース監督	2008(H20)	6月1日～6月30日	30	75	京都	1933	7月26日	立命館退
706	平岩弓枝	作家	2008(H20)	7月1日～7月31日	31	76	東京	1932	3月15日	日本女子大
707	成田　豊	電通最高顧問	2008(H20)	8月1日～8月31日	31	79	韓国	1929	9月19日	東大法
708	野依良治	理化学研究所理事長	2008(H20)	9月1日～9月30日	30	70	兵庫	1938	9月3日	京大工
709	岡井　隆	歌人	2008(H20)	10月1日～10月31日	31	80	愛知	1928	1月5日	慶應医
710	松田昌士	JR東日本相談役	2008(H20)	11月1日～11月30日	30	72	北海道	1936	1月9日	北海道大学大学院法
711	小宮隆太郎	日本学士院会員	2008(H20)	12月1日～12月31日	31	80	京都	1928	11月30日	東大経
712	ハワード・ベーカー	前駐日米大使	2009(H21)	1月1日～1月31日	31	84	米国	1925	11月15日	テネシー大law
713	鳥羽博道	ドトールコーヒー名誉会長	2009(H21)	2月1日～2月28日	28	72	埼玉	1937	10月11日	深谷高
714	香川京子	女優	2009(H21)	3月1日～3月31日	31	78	茨城	1931	12月5日	都立第十高女
715	近藤道生	博報堂最高顧問	2009(H21)	4月1日～4月30日	30	89	神奈川	1920	2月2日	東大法
716	磯崎　新	建築家	2009(H21)	5月1日～5月31日	31	78	大分	1931	7月23日	東大理
717	篠原三代平	一橋大学名誉教授	2009(H21)	6月1日～6月30日	30	90	富山	1919	10月26日	一橋大
718	加山雄三	俳優	2009(H21)	7月1日～7月31日	31	72	神奈川	1937	4月11日	慶應
719	芦田　淳	ファション・デザイナー	2009(H21)	8月1日～8月31日	31	79	韓国	1930	8月21日	専門学校
720	槇原　稔	三菱商事相談役	2009(H21)	9月1日～9月30日	30	79	英国	1930	1月12日	ハーバード大
721	安居祥策	日本政策金融公庫総裁	2009(H21)	10月1日～10月31日	31	74	京都	1935	1月16日	京大経
722	益川敏英	物理学者	2009(H21)	11月1日～11月30日	30	69	愛知	1940	2月7日	名大理学
723	津本　陽	作家	2009(H21)	12月1日～12月31日	31	80	和歌山	1929	3月23日	東北大法
724	細川護熙	元首相	2010(H22)	1月1日～1月31日	31	72	東京	1938	1月14日	上智大法
725	青木　功	プロゴルファー	2010(H22)	2月1日～2月28日	28	68	千葉	1942	8月31日	我孫子中学
726	高原慶一朗	ユニチャーム会長	2010(H22)	3月1日～3月31日	31	79	愛媛	1931	3月16日	大阪市大商

727	有馬稲子	女優	2010(H22)	4月1日～4月30日	30	78	大阪	1932	4月3日	宝塚音楽校
728	河竹登志夫	演劇研究家	2010(H22)	5月1日～5月31日	31	86	東京	1924	12月7日	東大理・早大文
729	野田順弘	オービック会長兼社長	2010(H22)	6月1日～6月30日	30	71	奈良	1938	8月24日	関西大経
730	下村 脩	生物化学者	2010(H22)	7月1日～7月31日	31	82	京都	1928	8月27日	名古屋大
731	広岡達朗	元ヤクルト、西武監督	2010(H22)	8月1日～8月31日	31	78	広島	1932	2月9日	早大社会
732	木田 元	哲学者	2010(H22)	9月1日～9月30日	30	82	新潟	1928	9月7日	東北大哲
733	大倉敬一	月桂冠相談役	2010(H22)	10月1日～10月31日	31	83	京都	1927	3月25日	同志社経
734	西岡 喬	三菱重工業相談役	2010(H22)	11月1日～11月30日	30	74	東京	1936	5月3日	東大工
735	ウイリアム・J・ペリー	元米国国防長官	2010(H22)	12月1日～12月31日	31	83	米国	1927	10月11日	ペンシルベニア大
736	生田正治	商船三井最高顧問	2011(H23)	1月1日～1月31日	31	76	兵庫	1935	1月19日	慶應経済
737	安野光雅	画家	2011(H23)	2月1日～2月28日	28	85	島根	1926	3月20日	山口師範
738	安藤忠雄	建築家	2011(H23)	3月1日～3月31日	31	70	大阪	1941	9月13日	大阪府立城東工業高校
739	G・W・ブッシュ	第43代米国大統領	2011(H23)	4月1日～4月30日	30	65	米国	1946	7月6日	ハーバード大
740	瀬戸雄三	元アサヒビール会長	2011(H23)	5月1日～5月31日	31	81	兵庫	1930	2月25日	慶應
741	山下洋輔	ジャズピアニスト	2011(H23)	6月1日～6月30日	30	69	東京	1942	2月26日	国立音大
742	小田島雄志	東京大学名誉教授	2011(H23)	7月1日～7月31日	31	81	奉天	1930	12月18日	東大文
743	小泉淳作	日本画家	2011(H23)	8月1日～8月31日	31	87	神奈川	1924	10月26日	東京美術
744	室伏 稔	元伊藤忠商事会長	2011(H23)	9月1日～9月30日	30	80	静岡	1931	9月22日	東大法
745	前田勝之助	東レ名誉会長	2011(H23)	10月1日～10月31日	31	80	福岡	1931	2月5日	熊本大工
746	寺澤芳男	元米国野村證券会長	2011(H23)	11月1日～11月30日	30	80	東京	1931	10月3日	早大政経
747	松本幸四郎(9代目)	歌舞伎俳優	2011(H23)	12月1日～12月31日	31	69	東京	1942	8月19日	早大
748	トニー・ブレア	元英国首相	2012(H24)	1月1日～1月31日	31	58	英国	1953	5月6日	オックスフォード大
749	佐久間良子	女優	2012(H24)	2月1日～2月29日	29	73	東京	1939	2月24日	川村高等学校
750	樋口武男	大和ハウス工業会長	2012(H24)	3月1日～3月31日	31	74	兵庫	1938	4月29日	関学大法
751	蜷川幸雄	演出家	2012(H24)	4月1日～4月30日	30	77	埼玉	1935	10月15日	開成高校
752	桂 三枝	落語家	2012(H24)	5月1日～5月31日	31	69	大阪	1943	7月16日	関西大商退
753	米沢富美子	慶應義塾大学名誉教授	2012(H24)	6月1日～6月30日	30	74	大阪	1938	10月19日	京大理

754	茂木友三郎	キッコーマン名誉会長	2012(H24)	7月1日～7月31日	31	77	千葉	1935	2月13日	慶應法
755	君原健二	五輪マラソン銀メダリスト	2012(H24)	8月1日～8月31日	31	71	福岡	1941	3月20日	戸畑中央高校
756	今井 敬	新日鐵名誉会長	2012(H24)	9月1日～9月30日	30	83	神奈川	1929	12月23日	東大法
757	根岸英一	有機科学者	2012(H24)	10月1日～10月31日	31	77	中国	1935	7月14日	東大理工・17歳で
758	立石義雄	オムロン名誉会長	2012(H24)	11月1日～11月30日	30	73	大阪	1939	11月1日	同志社経
759	森 喜朗	元首相	2012(H24)	12月1日～12月31日	31	75	石川	1937	7月14日	早大商
760	渡辺淳一	作家	2013(H25)	1月1日～1月31日	31	80	北海道	1933	10月24日	札幌医科大
761	馬場 彰	オンワードHD名誉顧問	2013(H25)	2月1日～2月28日	28	78	神奈川	1935	11月28日	横浜市立大
762	カーラ・ヒルズ	元米通商代表部代表	2013(H25)	3月1日～3月31日	31	79	米国	1934	1月3日	エール大
763	渡 文明	JXホールディングス相談役	2013(H25)	4月1日～4月30日	30	77	東京	1936	10月13日	慶應経
764	岡本綾子	プロゴルファー	2013(H25)	5月1日～5月31日	31	62	広島	1951	4月2日	今治明徳高
765	篠原欣子	テンプスタッフ創業者	2013(H25)	6月1日～6月30日	30	79	神奈川	1934	10月19日	高木学園女子校
766	大竹英雄	囲碁棋士・名誉棋聖	2013(H25)	7月1日～7月31日	31	71	福岡	1942	5月12日	中学校
767	野村 萬(7世)	狂言師	2013(H25)	8月1日～8月31日	31	83	東京	1930	1月10日	東京藝大
768	宮内義彦	オリックス会長	2013(H25)	9月1日～9月30日	30	78	兵庫	1935	9月13日	関学商
769	利根川 進	分子生物学者	2013(H25)	10月1日～10月31日	31	74	愛知	1939	9月5日	京大理
770	和田 勇	積水ハウス会長	2013(H25)	11月1日～11月30日	30	72	和歌山	1941	4月29日	関学法
771	フィリップ・コトラー	マーケティング学者兼CEO	2013(H25)	12月1日～12月31日	31	82	米国	1931	5月27日	マサチューセッツ工科大学
772	小澤征爾	指揮者	2014(H26)	1月1日～1月31日	31	79	奉天	1935	9月1日	桐朋学園短大
773	市川猿翁(2代目)	歌舞伎俳優	2014(H26)	2月1日～2月28日	28	75	東京	1939	12月9日	慶應
774	岡村 正	東芝相談役	2014(H26)	3月1日～3月31日	31	76	東京	1938	7月26日	東大法
775	豊田章一郎	トヨタ自動車名誉会長	2014(H26)	4月1日～4月30日	30	89	愛知	1925	2月27日	名古屋大
776	トム・ワトソン	プロゴルファー	2014(H26)	5月1日～5月31日	31	55	米国	1949	9月4日	スタンフォード大
777	福地茂雄	アサヒGH相談役	2014(H26)	6月1日～6月30日	30	80	福岡	1934	6月11日	長崎大経
778	ラタン・タタ	タタ・グループ名誉会長	2014(H26)	7月1日～7月31日	31	77	インド	1937	12月28日	コーネル大建築
779	森本公誠	東大寺長老	2014(H26)	8月1日～8月31日	31	80	兵庫	1934		京大文
780	ジャンクロード・トリシェ	前欧州中央銀行総裁	2014(H26)	9月1日～9月30日	30	72	フランス	1942	12月20日	国立行政学院

781	植田紳爾	宝塚歌劇団名誉理事	2014(H26)	10月1日～10月31日	31	81	大阪	1933	1月1日	早大文
782	坂根正弘	コマツ相談役	2014(H26)	11月1日～11月30日	30	73	広島	1941	1月7日	大阪市大工
783	萩本欽一	コメディアン	2014(H26)	12月1日～12月31日	31	73	東京	1941	5月7日	駒込高校
784	王　貞治	福岡ソフトバンクホークス会長	2015(H27)	1月1日～1月31日	31	75	東京	1940	5月20日	早稲田実業
785	重久吉弘	日揮グループ代表	2015(H27)	2月1日～2月28日	28	82	宮崎	1933	11月18日	慶應文
786	古川貞二郎	元内閣官房副長官	2015(H27)	3月1日～3月31日	31	81	佐賀	1934	9月11日	九大法
787	似鳥昭雄	ニトリHD社長	2015(H27)	4月1日～4月30日	30	71	樺太	1944	3月5日	北海学園大
788	川村　隆	日立製作所相談役	2015(H27)	5月1日～5月31日	31	76	北海道	1939	12月19日	東大工
789	松本　紘	理化学研究所理事長	2015(H27)	6月1日～6月30日	30	73	中国	1942	11月17日	京大工学
790	浅丘ルリ子	女優	2015(H27)	7月1日～7月31日	31	75	満州	1940	7月2日	中学校
791	倉本　聰	脚本家	2015(H27)	8月1日～8月31日	31	81	東京	1934	12月31日	東大文
792	荒蒔康一郎	元キリンビール社長	2015(H27)	9月1日～9月30日	30	86	茨城	1939	11月15日	東大農学
793	葛西敬之	JR東海名誉会長	2015(H27)	10月1日～10月31日	31	75	兵庫	1940	10月20日	東大法
794	絹谷幸二	洋画家	2015(H27)	11月1日～11月30日	30	72	奈良	1943	1月24日	東京藝大
795	奥田　務	J・フロントリテイリング相談役	2015(H27)	12月1日～12月31日	31	76	三重	1939	10月14日	慶應法
796	小椋　佳	作詞・作曲家	2016(H28)	1月1日～1月31日	31	72	東京	1944	1月18日	東大法
797	釜本邦茂	日本サッカー協会顧問	2016(H28)	2月1日～2月29日	29	72	京都	1944	4月15日	早大
798	大山健太郎	アイリスオーヤマ社長	2016(H28)	3月1日～3月31日	31	71	大阪	1945	7月3日	大阪府立布施高校
799	福澤　武	三菱地所名誉顧問	2016(H28)	4月1日～4月30日	30	84	東京	1932	9月4日	慶應
800	中原　誠	将棋名誉王座	2016(H28)	5月1日～5月31日	31	68	宮城	1947	9月2日	中学校
801	松岡　功	東宝名誉会長	2016(H28)	6月1日～6月30日	30	82	兵庫	1934	12月18日	甲南大学
802	タニン・チャラワノン	CPグループ会長	2016(H28)	7月1日～7月31日	31	77	タイ	1939	4月	高等学校
803	大村　智	北里大学特別栄誉教授	2016(H28)	8月1日～8月31日	31	81	山梨	1935	7月12日	山梨大化学他
804	安部修仁	吉野家HD会長	2016(H28)	9月1日～9月30日	30	67	福岡	1949	9月14日	県立香椎高等学校
805	樋口久子	日本女子プロゴルフ協会相談役	2016(H28)	10月1日～10月31日	31	71	埼玉	1945	10月13日	二階堂高等学校
806	服部克久	作曲・編曲家	2016(H28)	11月1日～11月30日	30	80	東京	1936	11月1日	パリ高等音楽院
807	高田賢三	ファッション・デザイナー	2016(H28)	12月1日～12月31日	31	77	兵庫	1939	2月27日	文化服装学院

808	カルロス・ゴーン	日産自動車社長	2017（H29）	1月1日～1月31日	31	63	ブラジル	1954	3月9日	パリ国立高等鉱業学校
809	大橋光夫	昭和電工最高顧問	2017（H29）	2月1日～1月28日	28	81	東京	1936	1月18日	慶應経
810	ジョー・プライス	美術品蒐集家	2017（H29）	3月1日～3月31日	31	88	米国	1929	10月20日	オクラホマ大

※元号の略字は、Sは昭和、Hは平成を表す。

附章2　「私の履歴書」50音順名簿

氏名	よみがな	掲載年
藍沢彌八	あいざわやはち	1959（S34）
青木　功	あおきいさお	2010（H22）
青木均一	あおききんいち	1960（S35）
青木昌彦	あおきまさひこ	2007（H19）
赤尾好夫	あかおよしお	1972（S47）
赤城宗徳	あかぎむねのり	1973（S48）
明石　康	あかしやすし	2000（H12）
阿川弘之	あがわひろゆき	1987（S62）
秋山庄太郎	あきやましょうたろう	1993（H5）
阿久　悠	あくゆう	2003（H15）
浅丘ルリ子	あさおかるりこ	2015（H27）
朝海浩一郎	あさかいこういちろう	1988（S63）
朝倉文夫	あさくらふみお	1958（S33）
浅沼稲次郎	あさぬまいねじろう	1956（S31）
朝比奈隆	あさひなたかし	1973（S48）
芦田　淳	あしだじゅん	2009（H21）
麻生磯次	あそおいそじ	1968（S43）
足立　正	あだちただし	1958（S33）
安部修仁	あべしゅうじ	2016（H28）
天津乙女	あまつおとめ	1976（S51）
鮎川義介	あゆかわぎすけ	1965（S40）
新井正明	あらいまさあき	1991（H3）
荒川豊蔵	あらかわとよぞう	1976（S51）
荒蒔康一郎	あらまきこういちろう	2015（H27）
有馬稲子	ありまいねこ	2010（H22）
有馬頼底	ありまらいてい	2003（H15）
安西正夫	あんざいまさお	1970（S45）
安藤忠雄	あんどうただお	2011（H23）
安藤豊禄	あんどうとよろく	1980（S55）
安藤楢六	あんどうならろく	1980（S55）
安藤百福	あんどうももふく	2001（H13）
安野光雅	あんのみつまさ	2011（H23）
飯田　亮	いいだまこと	2001（H13）
飯田善国	いいだよしくに	1997（H9）
井植　敏	いうえさとし	2003（H15）
井植歳男	いうえとしお	1963（S38）
猪谷千春	いがやちはる	1995（H7）
生田正治	いくたまさはる	2011（H23）
池田亀三郎	いけだかめさぶろう	1960（S35）
池田謙蔵	いけだけんぞう	1973（S48）
池田大作	いけだだいさく	1975（S50）
池部　良	いけべりょう	1997（H9）
砂野　仁	いさのまさし	1969（S44）
石井　久	いしいひさし	1993（H5）
石井光次郎	いしいみつじろう	1971（S46）
石井好子	いしいよしこ	1991（H3）
石川忠雄	いしかわただお	1994（H6）
石川達三	いしかわたつぞう	1978（S53）
石川六郎	いしかわろくろう	2002（H14）
石毛郁治	いしげいくじ	1957（S32）

石坂公成	いしざかきみしげ	2005（H17）
石坂泰三	いしざかたいぞう	1957（S32）
石坂洋次郎	いしざかようじろう	1973（S48）
石塚粂蔵	いしずかくめぞう	1961（S36）
石田和外	いしだかずと	1972（S47）
石田退三	いしだたいぞう	1958（S33）
石橋正二郎	いしばししょうじろう	1957（S32）
石橋湛山	いしばしたんざん	1958（S33）
石橋信夫	いしばしのぶお	1991（H3）
石橋政嗣	いしばしまさつぐ	1998（H10）
石原廣一郎	いしはらこういちろう	1964（S39）
石原　俊	いしはらたかし	1994（H6）
磯崎　叡	いそざきえい	1990（H2）
磯崎　新	いそざきしん	2009（H21）
坂倉芳明	いたくらよしあき	1997（H9）
伊谷純一郎	いたにじゅんいちろう	1991（H3）
市川猿翁（2代目）	いちかわえんおう	2014（H26）
市川右太衛門	いちかわうたえもん	1984（S59）
市川猿之助（2代目）	いちかわえんのすけ	1958（S33）
市川　崑	いちかわこん	1989（H1）
市川　忍	いちかわしのぶ	1970（S45）
市川寿海	いちかわじゅかい	1959（S34）
市川房枝	いちかわふさえ	1960（S35）
市村　清	いちむらきよし	1962（S37）
出光佐三	いでみつさぞう	1956（S31）
伊藤次郎左衛門（14代）	いとうじろうざえもん	1958（S33）
伊藤忠兵衛（2代）	いとうちゅうべえ	1957（S32）
伊藤傳三	いとうでんぞう	1979（S54）
伊藤雅俊	いとうまさとし	2003（H15）
伊藤保次郎	いとうやすじろう	1959（S34）

糸川英夫	いとかわひでお	1974（S49）
稲尾和久	いなおかずひさ	2001（H13）
稲垣平太郎	いながきへいたろう	1968（S43）
稲葉興作	いなばこうさく	1995（H7）
稲盛和夫	いなもりかずお	2001（H13）
稲山嘉寛	いなやまよしひろ	1965（S40）
乾　豊彦	いぬいとよひこ	1982（S57）
犬丸徹三	いぬまるてつぞう	1960（S35）
井上　薫	いのうえかおる	1984（S59）
井上五郎	いのうえごろう	1967（S42）
井上貞治郎	いのうえていじろう	1959（S34）
井上礼之	いのうえのりゆき	2007（H19）
井上　靖	いのうえやすし	1977（S52）
井上八千代（4代目）	いのうえやちよ	1959（S34）
猪熊弦一郎	いのくまげんいちろう	1979（S54）
井深　大	いぶかまさる	1962（S37）
井伏鱒二	いぶせますじ	1970（S45）
伊部恭之助	いべきょうのすけ	1998（H10）
今井　敬	いまいたかし	2012（H24）
今西錦司	いまにしきんじ	1973（S48）
今村昌平	いまむらしょうへい	2003（H15）
井村荒喜	いむらこうき	1959（S34）
入江相政	いりえすけまさ	1977（S52）
岩城宏之	いわきひろゆき	2003（H15）
岩切章太郎	いわきりしょうたろう	1965（S40）
岩田専太郎	いわたせんたろう	1967（S42）
岩田宙造	いわたちゅうぞう	1957（S32）
岩谷直治	いわたになおじ	1989（H1）
岩村英郎	いわむらえいろう	1988（S63）
植田紳爾	うえだしんじ	2014（H26）

植村甲午郎	うえむらこうごろう	1968（S43）
上村松篁	うえむらしょうこう	1985（S60）
上山善紀	うえやまよしのり	1999（H11）
宇佐美洵	うさみじゅん	1971（S46）
宇沢弘文	うざわひろふみ	2002（H14）
牛尾治朗	うしおじろう	1999（H11）
潮田健次郎	うしおだけんじろう	2008（H20）
牛場信彦	うしばのぶひこ	1983（S58）
内ケ崎贇五郎	うちがさきうんごろう	1959（S34）
内村祐之	うちむらひろゆき	1972（S47）
内山岩太郎	うちやまいわたろう	1964（S39）
宇野　収	うのおさむ	1994（H6）
梅棹忠夫	うめざおただお	1996（H8）
梅原　猛	うめはらたけし	2001（H13）
梅若六郎	うめわかろくろう	1968（S43）
栄久庵憲司	えいくあんけんじ	2002（H14）
江頭邦雄	えがしらくにお	2006（H18）
江上波夫	えがみなみお	1994（H6）
江崎利一	えざきりいち	1963（S38）
江田三郎	えださぶろう	1963（S38）
越後正一	えちごまさかず	1975（S50）
江頭匡一	えとうしょういち	1999（H11）
江戸川乱歩	えどがわらんぽ	1956（S31）
江戸英雄	えどひでお	1980（S55）
円地文子	えんちふみこ	1983（S58）
遠藤周作	えんどうしゅうさく	1989（H1）
遠藤　実	えんどうみのる	2006（H18）

王　貞治	おうさだはる	2015（H27）
大麻唯男	おおあさただお	1956（S31）
大賀典雄	おおがのりお	2003（H15）
大川　博	おおかわひろし	1959（S34）
大来佐武郎	おおきたさぶろう	1976（S51）
扇　千景	おおぎちかげ	2008（H20）
大倉敬一	おおくらけいいち	2010（H22）
大社義規	おおこそよしのり	1984（S59）
太田　薫	おおたかおる	1973（S48）
大竹英雄	おおたけひでお	2013（H25）
太田哲三	おおたてつぞう	1968（S43）
大谷竹次郎	おおたにたけじろう	1957（S32）
大谷米太郎	おおたによねたろう	1964（S39）
大塚敬節	おおつかよしのり	1975（S50）
大槻文平	おおつきぶんぺい	1976（S51）
大野　勇	おおのいさむ	1981（S56）
大橋光夫	おおはしみつお	2017（H29）
大浜信泉	おおはまのぶもと	1964（S39）
大平正芳	おおひらまさよし	1978（S53）
大村　智	おおむらさとし	2016（H28）
大屋　敦	おおやあつし	1964（S39）
大屋晋三	おおやしんぞう	1958（S33）
大山健太郎	おおやまけんたろう	2016（H28）
大山康晴	おおやまやすはる	1959（S34）
岡井　隆	おかいたかし	2008（H20）
岡　潔	おかきよし	1965（S40）
岡崎嘉平太	おかざきかへいた	1967（S42）

岡田 茂	おかだしげる	2002(H14)
岡田卓也	おかだたくや	2004(H16)
緒方知三郎	おがたともさぶろう	1970(S45)
岡野喜太郎	おかのきたろう	1957(S32)
岡村 正	おかむらただし	2014(H26)
岡本綾子	おかもとあやこ	2013(H25)
小川栄一	おがわえいいち	1963(S38)
小川芳男	おがわよしお	1977(S52)
沖中重雄	おきなかしげお	1971(S46)
荻原井泉水	おぎわらせいせんすい	1957(S32)
奥田元宋	おくだげんそう	2000(H12)
奥田 務	おくだつとむ	2015(H27)
奥むめお	おくむめお	1958(S33)
奥村綱雄	おくむらつなお	1960(S35)
奥村土牛	おくむらどぎゅう	1973(S48)
奥村政雄	おくむらまさお	1962(S37)
小椋 佳	おぐらけい	2016(H28)
小倉武一	おぐらたけかず	1992(H4)
小倉昌男	おぐらまさお	2002(H14)
尾崎一雄	おざきかずお	1978(S53)
尾崎士郎	おざきしろう	1963(S38)
江崎玲於奈	おざきれおな	2007(H19)
大佛次郎	おさらぎじろう	1964(S39)
小澤征爾	おざわせいじ	2014(H26)
小田島雄志	おだじまゆうし	2011(H23)
小田 稔	おだみのる	1990(H2)
小田原大造	おだわらたいぞう	1961(S36)

鬼塚喜八郎	おにつかきはちろう	1990(H2)
尾上松緑(2代目)	おのえしょうろく	1975(S50)
尾上多賀之丞	おのえたがのじょう	1971(S46)
尾上梅幸(7代目)	おのえばいこう	1979(S54)
小汀利得	おばまとしえ	1971(S46)
カーラ・ヒルズ	カーラ・ヒルズ	2013(H25)
貝塚茂樹	かいずかしげき	1968(S43)
賀屋興宣	かやおきのり	1963(S38)
香川京子	かがわきょうこ	2009(H21)
賀来龍三郎	かくりゅうざぶろう	1993(H5)
葛西敬之	かさいよしゆき	2015(H27)
樫尾忠雄	かしおただお	1991(H3)
鹿島一谷	かしまいっこく	1981(S56)
鹿島守之助	かしまもりのすけ	1964(S39)
樫山純三	かしやまじゅんぞう	1976(S51)
柏木雄介	かしわぎゆうすけ	1986(S61)
春日一幸	かすがいっこう	1972(S47)
春日野清隆	かすがのきよたか	1982(S57)
春日野八千代	かすがのやちよ	1984(S59)
片岡仁左衛門	かたおかにざえもん	1989(H1)
片柳真吉	かたやなぎしんきち	1981(S56)
片山九郎右衛門(9代)	かたやまくろうえもん	2005(H17)
片山 哲	かたやまてつ	1956(S31)
勝田龍夫	かつたたつお	1991(H3)
勝間田清一	かつまたせいいち	1985(S60)
桂 三枝	かつらさんし	2012(H24)
桂 米朝	かつらべいちょう	2001(H13)

加藤　寛	かとうかん	2005（H17）
加藤治郎	かとうじろう	1979（S54）
加藤誠之	かとうせいし	1980（S55）
加藤卓男	かとうたくお	2002（H14）
加藤唐九郎	かとうとうくろう	1981（S56）
加藤辨三郎	かとうべんざぶろう	1969（S44）
香取正彦	かとりまさひこ	1987（S62）
金川千尋	かながわちひろ	2006（H18）
金森徳次郎	かなもりとくじろう	1958（S33）
金森久雄	かなもりひさお	2004（H16）
金子兜太	かねことうた	1996（H8）
金丸　信	かねまるしん	1987（S62）
釜本邦茂	かまもとくにしげ	2016（H28）
神近市子	かみちかいちこ	1964（S39）
神谷正太郎	かみやしょうたろう	1974（S49）
茅　誠司	かやせいじ	1959（S34）
加山又造	かやままたぞう	1992（H4）
加山雄三	かやまゆうぞう	2009（H21）
ピエール・カルダン	カルダン	1996（H8）
ボブ・カルビン	カルビン	2000（H12）
J・K・ガルブレイス	ガルブレイス	2004（H16）
川井三郎	かわいさぶろう	1979（S54）
河合雅雄	かわいまさお	2002（H14）
河合良成	かわいよしなり	1957（S32）
川勝　伝	かわかつでん	1977（S52）
川上源一	かわかみげんいち	1978（S53）
河上丈太郎	かわかみじょうたろう	1961（S36）

川上哲治	かわかみてつはる	1974（S49）
川喜多長政	かわきたながまさ	1980（S55）
ジョージ川口	かわぐちじょうじ	1993（H5）
川口松太郎	かわぐちまつたろう	1971（S46）
川崎大次郎	かわさきだいじろう	1985（S60）
河竹繁俊	かわたけしげとし	1960（S35）
河竹登志夫	かわたけとしお	2010（H22）
河田　重	かわだしげ	1958（S33）
川田　順	かわだじゅん	1962（S37）
川端竜子	かわばたりゅうし	1959（S34）
川渕三郎	かわぶちさぶろう	2008（H20）
川又克二	かわまたかつじ	1963（S38）
川村勝巳	かわむらかつみ	1981（S56）
川村　隆	かわむらたかし	2015（H27）
河盛好蔵	かわもりよしぞう	1991（H3）
木内信胤	きうちのぶたね	1979（S54）
木川田一隆	きかわだかずたか	1970（S45）
菊池庄次郎	きくちしょうじろう	1984（S59）
岸　信介	きしのぶすけ	1959（S34）
岸本忠三	きしもとちゅうぞう	2000（H12）
北裏喜一郎	きたうらきいちろう	1979（S54）
木田　元	きだげん	2010（H22）
北沢敬二郎	きたざわけいじろう	1966（S41）
北村西望	きたむらせいぼう	1982（S57）
北　杜夫	きたもりお	2006（H18）
喜多六平太	きたろっぺいた	1969（S44）
衣笠貞之助	きぬがさていのすけ	1964（S39）

絹谷幸二	きぬたにこうじ	２０１５（Ｈ27）
木下恵介	きのしたけいすけ	１９８７（Ｓ62）
木下又三郎	きのしたまたさぶろう	１９６９（Ｓ44）
君原健二	きみはらけんじ	２０１２（Ｈ24）
木村秀政	きむらひでまさ	１９７２（Ｓ47）
木村義雄	きむらよしお	１９５７（Ｓ32）
行天豊雄	ぎょうてんとよお	２００６（Ｈ18）
清岡卓行	きよおかたくゆき	１９９９（Ｈ11）
桐竹紋十郎	きりたけもんじゅうろう	１９６７（Ｓ42）
窪田空穂	くぼたうつぼ	１９６６（Ｓ41）
久保田万太郎	くぼたまんたろう	１９５７（Ｓ32）
久保田豊	くぼたゆたか	１９６６（Ｓ41）
熊谷守一	くまがやもりかず	１９７１（Ｓ46）
倉田主税	くらたちから	１９６９（Ｓ44）
倉本　聰	くらもとそう	２０１５（Ｈ27）
アラン・グリーンスパン	グリーンスパン	２００８（Ｈ20）
栗田淳一	くりたじゅんいち	１９５９（Ｓ34）
黒岩重吾	くろいわじゅうご	１９９５（Ｈ７）
黒沢酉蔵	くろさわとりぞう	１９７７（Ｓ52）
黒田暲之助	くろだしょうのすけ	１９８６（Ｓ61）
桑原幹根	くわばらみきね	１９６９（Ｓ44）
リー・クワンユー	クワンユー	１９９９（Ｈ11）
源氏鶏太	げんじけいた	１９７６（Ｓ51）
小泉淳作	こいずみじゅんさく	２０１１（Ｈ23）
小泉信三	こいずみしんぞう	１９６２（Ｓ37）
河野一郎	こうのいちろう	１９５７（Ｓ32）
河野一之	こうのかずゆき	１９８２（Ｓ57）

河野謙三	こうのけんぞう	１９７５（Ｓ50）
河野洋平	こうのようへい	２００４（Ｈ16）
カルロス・ゴーン	ゴーン	２０１７（Ｈ29）
古賀政男	こがまさお	１９７２（Ｓ47）
小坂善太郎	こさかぜんたろう	１９９４（Ｈ６）
小柴昌俊	こしばまさとし	２００３（Ｈ15）
小島政二郎	こじませいじろう	１９５９（Ｓ34）
小平邦彦	こだいらくにひこ	１９８６（Ｓ61）
五島慶太	ごとうけいた	１９５６（Ｓ31）
後藤田正晴	ごとうだまさはる	１９９１（Ｈ３）
五島　昇	ごとうのぼる	１９８９（Ｈ１）
後藤康男	ごとうやすお	２００２（Ｈ14）
フィリップ・コトラー	コトラー	２０１３（Ｈ25）
小林　勇	こばやしいさむ	１９７２（Ｓ47）
小林宏治	こばやしこうじ	１９８７（Ｓ62）
小林節太郎	こばやしせつたろう	１９７７（Ｓ52）
小原国芳	こはらくによし	１９７４（Ｓ49）
小原鐵五郎	こはらてつごろう	１９７０（Ｓ45）
小原豊雲	こはらほううん	１９７９（Ｓ54）
小堀宗慶（12世）	こぼりそうけい	２００６（Ｈ18）
駒井健一郎	こまいけんいちろう	１９８１（Ｓ56）
小松左京	こまつさきょう	２００６（Ｈ18）
小宮隆太郎	こみやりゅうたろう	２００８（Ｈ20）
近藤道生	こんどうみちたか	２００９（Ｈ21）
今日出海	こんひでみ	１９６９（Ｓ44）
西条八十	さいじょうやそ	１９６２（Ｓ37）
斎藤英四郎	さいとうえいしろう	１９８５（Ｓ60）

斉藤茂太	さいとうしげた	1995（H7）
酒井田柿右衛門（13代）	さかいだかきえもん	1980（S55）
榊原　仟	さかきばらしげる	1973（S48）
坂口謹一郎	さかぐちきんいちろう	1972（S47）
坂口幸雄	さかぐちゆきお	1987（S62）
坂　信弥	さかしんや	1962（S37）
坂田栄男	さかたひでお	1964（S39）
坂田道太	さかたみちた	1988（S63）
坂根正弘	さかねまさひろ	2014（H26）
坂本五郎	さかもとごろう	1996（H8）
坂本繁二郎	さかもとしげじろう	1969（S44）
佐久間良子	さくまよしこ	2012（H24）
桜内義雄	さくらうちよしお	1994（H6）
佐々木更三	ささきこうぞう	1965（S40）
佐々木良作	ささきりょうさく	1980（S55）
佐々部晩穂	ささべくれほ	1961（S36）
佐治敬三	さじけいぞう	1993（H5）
マーガレット・サッチャー	サッチャー	1995（H7）
佐藤愛子	さとうあいこ	1990（H2）
佐藤喜一郎	さとうきいちろう	1966（S41）
佐藤　朔	さとうさく	1982（S57）
佐藤忠良	さとうちゅうりょう	1988（S63）
佐藤春夫	さとうはるお	1956（S31）
佐藤　貢	さとうみつぐ	1959（S34）
佐藤安弘	さとうやすひろ	2005（H17）
里見　弴	さとみとん	1956（S31）
佐波正一	さばしょういち	1998（H10）

沢田美喜	さわだみき	1963（S38）
三遊亭円生	さんゆうていえんしょう	1973（S48）
椎名悦三郎	しいなえつさぶろう	1970（S45）
椎名武雄	しいなたけお	2000（H12）
重久吉弘	しげひさよしひろ	2015（H27）
重宗雄三	しげむねゆうぞう	1962（S37）
茂山千作（4世）	しげやませんさく	1994（H6）
篠田正浩	しのだまさひろ	2005（H17）
篠原三代平	しのはらみよへい	2009（H21）
篠原欣子	しのはらよしこ	2013（H25）
渋沢秀雄	しぶさわひでお	1964（S39）
渋谷天外	しぶやてんがい	1971（S46）
島田正吾	しまだしょうご	1974（S49）
嶋田卓弥	しまだたかや	1965（S40）
島津忠承	しまづただつぐ	1960（S35）
島野喜三	しまのよしぞう	2005（H17）
島　秀雄	しまひでお	1975（S50）
下田武三	しもだたけぞう	1977（S52）
下村　脩	しもむらおさむ	2010（H22）
ジャック・ウェルチ	ジャック・ウェルチ	2001（H13）
ルイ・シュバイツァー	シュバイツァー	2005（H17）
庄野潤三	しょうのじゅんぞう	1998（H10）
白川　静	しらかわしずか	1999（H11）
新藤兼人	しんどうかねと	2007（H19）
進藤貞和	しんどうさだかず	1986（S61）
進藤武左ヱ門	しんどうぶざえもん	1965（S40）
末広恭雄	すえひろやすお	1975（S50）

菅原通済	すがわらつうさい	1966（S41）
杉浦敏介	すぎうらとしすけ	1988（S63）
杉下　茂	すぎしたしげる	1997（H9）
杉　道助	すぎみちすけ	1956（S31）
杉村　隆	すぎむらたかし	1993（H5）
杉村春子	すぎむらはるこ	1968（S43）
杉山金太郎	すぎやまきんたろう	1957（S32）
杉山元治郎	すぎやまげんじろう	1957（S32）
鈴木　剛	すずきこう	1982（S57）
鈴木俊一	すずきしゅんいち	1982（S57）
鈴木大拙	すずきだいせつ	1961（S36）
鈴木敏文	すずきとしふみ	2007（H19）
鈴木治雄	すずきはるお	1989（H1）
鈴木英夫	すずきひでお	1996（H8）
鈴木茂三郎	すずきもさぶろう	1956（S31）
砂田重政	すなだしげまさ	1956（S31）
スハルト	スハルト	1998（H10）
澄田　智	すみださとし	1993（H5）
隅谷正峯	すみたにまさみね	1990（H2）
瀬川美能留	せがわみのる	1970（S45）
瀬越憲作	せごえけんさく	1958（S33）
瀬戸内寂聴	せとうちじゃくちょう	1992（H4）
瀬戸雄三	せとゆうぞう	2011（H23）
芹沢光治良	せりざわこうじろう	1965（S40）
千　宗室	せんそうしつ	1986（S61）
十河信二	そごうしんじ	1958（S33）
園田高弘	そのだたかひろ	2000（H12）

素野福次郎	そのふくじろう	1986（S61）
孫　平化	そんへいか	1997（H9）
大鵬幸喜	たいほうこうき	2000（H12）
平良敏子	たいらとしこ	1991（H3）
高川　格	たかがわかく	1961（S36）
高木文雄	たかぎふみお	1994（H6）
高碕達之助	たかさきたつのすけ	1956（S31）
高杉晋一	たかすぎしんいち	1964（S39）
高田賢三	たかだけんぞう	2016（H28）
高橋亀吉	たかはしかめきち	1960（S35）
高橋誠一郎	たかはしせいいちろう	1967（S42）
高橋政知	たかはしまさとも	1999（H11）
高畑誠一	たかはたせいいち	1972（S47）
高原慶一朗	たかはらけいいちろう	2010（H22）
高柳健次郎	たかやなぎけんじろう	1982（S57）
田河水泡	たがわすいほう	1988（S63）
滝田　実	たきだみのる	1972（S47）
田口利八	たぐちりはち	1973（S48）
田口連三	たぐちれんぞう	1975（S50）
武田國男	たけだくにお	2004（H16）
竹田弘太郎	たけだこうたろう	1980（S55）
竹田恒徳	たけだつねのり	1976（S51）
竹鶴政孝	たけつるまさたか	1968（S43）
武原はん	たけはらはん	1977（S52）
竹見淳一	たけみじゅんいち	1994（H6）
武見太郎	たけみたろう	1967（S42）
竹本住大夫（7代目）	たけもとすみだゆう	1999（H11）

田崎勇三	たざきゆうぞう	1958（S33）
田嶋一雄	たじまかずお	1983（S58）
田代茂樹	たしろしげき	1972（S47）
ラタン・タタ	タタ・ラタン	2014（H26）
立花大亀	たちばなだいき	1984（S59）
立石一真	たていしかずま	1974（S49）
立石義雄	たていしよしお	2012（H24）
舘　豊夫	たてとよお	1995（H7）
田中角栄	たなかかくえい	1966（S41）
田中絹代	たなかきぬよ	1975（S50）
田中耕太郎	たなかこうたろう	1961（S36）
田中精一	たなかせいいち	1990（H2）
田中文雄	たなかふみお	1983（S58）
田辺聖子	たなべせいこ	1997（H9）
田鍋　健	たなべまさる	1985（S60）
田辺茂一	たなべもいち	1976（S51）
谷川健一	たにがわけんいち	2008（H20）
谷川徹三	たにがわてつぞう	1967（S42）
谷口吉郎	たにぐちよしろう	1974（S49）
谷村　裕	たにむらひろし	1990（H2）
田淵節也	たぶちせつや	2007（H19）
田宮虎彦	たみやとらひこ	1985（S60）
團　伊玖磨	だんいくま	1989（H1）
丹下健三	たんげけんぞう	1983（S58）
タニン・チャラワノン	チャラワノン	2016（H28）
陳　舜臣	ちんしゅんしん	2004（H16）
司　忠	つかさただし	1969（S44）

塚田公太	つかだこうた	1961（S36）
塚本憲甫	つかもとけんぽ	1974（S49）
塚本幸一	つかもとこういち	1990（H2）
辻　清明	つじせいめい	1995（H7）
辻　久子	つじひさこ	1988（S63）
土川元夫	つちかわもとお	1970（S45）
土屋喬雄	つちやたかお	1967（S42）
土屋義彦	つちやよしひこ	1998（H10）
堤　康次郎	つつみやすじろう	1956（S31）
津本　陽	つもとよう	2009（H21）
鶴岡一人	つるおかかずと	1984（S59）
勅使河原蒼風	てしがはらそうふう	1965（S40）
寺澤芳男	てらさわよしお	2011（H23）
土井たか子	どいたかこ	1992（H4）
土井正治	どいまさはる	1971（S46）
東郷青児	とうごうせいじ	1960（S35）
東条猛猪	とうじょうたけい	1983（S58）
東野英治郎	とうのえいじろう	1983（S58）
東畑精一	とうはたせいいち	1978（S53）
遠山元一	とおやまげんいち	1956（S31）
時国益夫	ときくにますお	1969（S44）
時津風定次	ときつやまさだじ	1960（S35）
徳川夢声	とくがわむせい	1961（S36）
徳川義親	とくがわよしちか	1963（S38）
土光敏夫	どこうとしお	1982（S57）
戸田利兵衛	とだりへえ	1981（S56）
トニー・ブレア	トニー・ブレア	2012（H24）

利根川　進	とねがわすすむ	2013(H25)
富本憲吉	とみもとけんきち	1962(S37)
富安風生	とみやすふうせい	1961(S36)
トム・ワトソン	トムワトソン	2014(H26)
土門　拳	どもんけん	1977(S52)
豊田英二	とよだえいじ	1984(S59)
豊竹山城少掾	とよたけやましろのしょうじょう	1959(S34)
豊田章一郎	とよだしょういちろう	2014(H26)
豊道春海	とよみちはるみ	1968(S43)
ピーター・ドラッカー	ドラッカー	2005(H17)
ジャンクロード・トリシェ	トリシェ	2014(H26)
鳥羽博道	とりばひろみち	2009(H21)
永井龍男	ながいたつお	1984(S59)
二階堂進	なかいどうすすむ	1986(S61)
中内　㓛	なかうちいさお	2000(H12)
長岡　實	ながおかみのる	2004(H16)
中川一政	なかがわかずまさ	1975(S50)
永倉三郎	ながくらさぶろう	1989(H1)
長嶋茂雄	ながしましげお	2007(H19)
中曽根康弘	なかそねやすひろ	1992(H4)
仲代達矢	なかだいたつや	2005(H17)
永田雅一	ながたまさいち	1957(S32)
長門美保	ながとみほ	1982(S57)
永野　健	ながのけん	1998(H10)
永野重雄	ながのしげお	1969(S44)
中原　誠	なかはらまこと	2016(H28)
中部謙吉	なかべけんきち	1962(S37)

中村歌右衛門(6代目)	なかむらうたえもん	1981(S56)
中村梅吉	なかむらうめきち	1974(S49)
中村鴈治郎(2代目)	なかむらがんじろう	1973(S48)
中村鴈治郎(4代目)	なかむらがんじろう	2005(H17)
中村雀右衛門(4代目)	なかむらじゃくえもん	1994(H6)
中村真一郎	なかむらしんいちろう	1993(H5)
中村汀女	なかむらていじょ	1972(S47)
中村富十郎(5代目)	なかむらとみじゅうろう	2001(H13)
中村白葉	なかむらはくよう	1967(S42)
中村　元	なかむらはじめ	1985(S60)
中邨秀雄	なかむらひでお	2002(H14)
中安閑一	なかやすかんいち	1967(S42)
中山義秀	なかやまぎしゅう	1960(S35)
中山幸市	なかやまこういち	1966(S41)
永山武臣	ながやまたけおみ	1995(H7)
中山　均	なかやまひとし	1956(S31)
中山善郎	なかやまよしろう	1992(H4)
流　政之	ながれまさゆき	1987(S62)
灘尾弘吉	なだおひろきち	1977(S52)
生江義男	なまえよしお	1988(S63)
成田　豊	なりたゆたか	2008(H20)
南部忠平	なんぶちゅうへい	1987(S62)
新関八洲太郎	にいぜきやすたろう	1956(S31)
ジャック・ニクラウス	ニクラウス	2006(H18)
西岡　喬	にしおかたかし	2010(H22)
西岡常一	にしおかつねいち	1989(H1)
西尾末広	にしおすえひろ	1956(S31)

西川政一	にしかわまさいち	１９７８（Ｓ53）
西澤潤一	にしざわじゅんいち	１９８５（Ｓ60）
西本幸雄	にしもとゆきお	１９９２（Ｈ４）
似鳥昭雄	にとりあきお	２０１５（Ｈ27）
蜷川幸雄	にながわゆきお	２０１２（Ｈ24）
庭野日敬	にわのにっけい	１９８２（Ｓ57）
根岸英一	ねぎしえいいち	２０１２（Ｈ24）
根本二郎	ねもとじろう	２００１（Ｈ13）
野田岩次郎	のだいわじろう	１９８１（Ｓ56）
野田順弘	のだまさひろ	２０１０（Ｈ22）
野見山暁治	のみやまぎょうじ	２００４（Ｈ16）
野村　萬（７世）	のむらまん	２０１３（Ｈ25）
野村克也	のむらかつや	２００５（Ｈ17）
野村胡堂	のむらこどう	１９５６（Ｓ31）
野村万蔵（６世）	のむらまんぞう	１９７８（Ｓ53）
野村興曽市	のむらよそいち	１９６６（Ｓ41）
野依良治	のよりりょうじ	２００８（Ｈ20）
葉上照澄	はがみしょうちょう	１９８７（Ｓ62）
萩本欽一	はぎもときんいち	２０１４（Ｈ26）
萩原吉太郎	はぎわらきちたろう	１９６０（Ｓ35）
橋本宇太郎	はしもとうたろう	１９５７（Ｓ32）
橋本凝胤	はしもとぎょういん	１９６５（Ｓ40）
橋本登美三郎	はしもととみさぶろう	１９７５（Ｓ50）
橋本明治	はしもとめいじ	１９７７（Ｓ52）
荷見　安	はすみやすし	１９６１（Ｓ36）
長谷川薫	はせがわかおる	１９９８（Ｈ10）
長谷川一夫	はせがわかずお	１９７２（Ｓ47）

長谷川　伸	はせがわしん	１９５６（Ｓ31）
長谷川如是閑	はせがわにょぜかん	１９６３（Ｓ38）
畑　和	はたやわら	１９８６（Ｓ61）
服部克久	はっとりかつひさ	２０１６（Ｈ28）
服部良一	はっとりりょういち	１９８１（Ｓ56）
鳩山一郎	はとやまいちろう	１９５８（Ｓ33）
花柳章太郎	はなやぎしょうたろう	１９６２（Ｓ37）
馬場　彰	ばばあきら	２０１３（Ｈ25）
浜田庄司	はまだしょうじ	１９７４（Ｓ49）
早石　修	はやいしおさむ	２００６（Ｈ18）
早川種三	はやかわたねぞう	１９８０（Ｓ55）
早川徳次	はやかわとくじ	１９６２（Ｓ37）
林原　健	はやしばらけん	２００３（Ｈ15）
林　房雄	はやしふさお	１９６５（Ｓ40）
林屋辰三郎	はやしやたつさぶろう	１９８６（Ｓ61）
原　健三郎	はらけんざぶろう	１９８７（Ｓ62）
原　文兵衛	はらぶんべえ	１９９５（Ｈ７）
原安三郎	はらやすさぶろう	１９５６（Ｓ31）
春名和雄	はるなかずお	１９９０（Ｈ２）
東山魁夷	ひがしやまかいい	１９６５（Ｓ40）
東山千栄子	ひがしやまちえこ	１９６６（Ｓ41）
樋口廣太郎	ひぐちこうたろう	２００１（Ｈ13）
樋口隆康	ひぐちたかやす	１９９８（Ｈ10）
樋口武雄	ひぐちたけお	２０１２（Ｈ24）
樋口　久子	ひぐちひさこ	２０１６（Ｈ28）
久松潜一	ひさまつせんいち	１９７０（Ｓ45）
日高　輝	ひだかてる	１９７５（Ｓ50）

日野原重明	ひのはらしげあき	1990（H2）
日向方斉	ひゅうがほうさい	1987（S62）
平岩弓枝	ひらいわゆみえ	2008（H20）
平岡養一	ひらおかよういち	1980（S55）
平塚常次郎	ひらづかつねじろう	1958（S33）
平塚らいてう	ひらつからいちょう	1967（S42）
平林たい子	ひらばやしたいこ	1966（S41）
平松守彦	ひらまつもりひこ	1992（H4）
平山郁夫	ひらやまいくお	1990（H2）
広岡達朗	ひろおかたつろう	2010（H22）
弘世　現	ひろせげん	1978（S53）
広瀬経一	ひろせけいいち	1968（S43）
広津和郎	ひろつかずお	1956（S31）
福井謙一	ふくいけんいち	1983（S58）
福澤　武	ふくざわたけし	2016（H28）
福田赳夫	ふくだたけお	1993（H5）
福田千里	ふくだちさと	1961（S36）
福田　一	ふくだはじめ	1983（S58）
福地茂雄	ふくちしげお	2014（H26）
福永健司	ふくながけんじ	1984（S59）
福原義春	ふくはらよしはる	1997（H9）
藤沢桓夫	ふじさわつねお	1981（S56）
藤沢秀行	ふじさわひでゆき	1993（H5）
藤田喬平	ふじたきょうへい	2000（H12）
藤林益三	ふじばやしえきぞう	1989（H1）
アルベルト・フジモリ	フジモリ・アルベルト	1999（H11）
藤山愛一郎	ふじやまあいいちろう	1957（S32）

藤山一郎	ふじやまいちろう	1979（S54）
藤原　啓	ふじわらけい	1982（S57）
藤原義江	ふじわらよしえ	1957（S32）
二上達也	ふたかみたつや	2000（H12）
二子山勝治	ふたごやまかつじ	1988（S63）
G・W・ブッシュ	ブッシュ	2011（H23）
船田　中	ふなだなか	1965（S40）
舟橋聖一	ふなはしせいいち	1969（S44）
船村　徹	ふなむらとおる	2002（H14）
ジョー・プライス	プライス	2017（H29）
古井喜美	ふるいよしみ	1979（S54）
古垣鉄郎	ふるがきてつろう	1976（S51）
古川貞二郎	ふるかわていじろう	2015（H27）
古橋廣之進	ふるはしひろのしん	1985（S60）
J・W・フルブライト	フルブライト	1991（H3）
ハワード・ベーカー	ベーカー	2009（H21）
別所毅彦	べっしょたけひこ	1986（S61）
ウイリアム・J・ペリー	ペリー	2010（H22）
北条秀司	ほうじょうひでじ	1978（S53）
星島二郎	ほしじまじろう	1958（S33）
細川護貞	ほそかわもりさだ	1990（H2）
細川護熙	ほそかわもりひろ	2010（H22）
法華津孝太	ほっけつこうた	1967（S42）
堀江薫雄	ほりえしげお	1968（S43）
堀　久作	ほりきゅうさく	1956（S31）
堀場雅夫	ほりばまさお	1992（H4）
ポール・ボルカー	ボルカー	2004（H16）

本田宗一郎	ほんだそういちろう	1962（S37）
本田弘敏	ほんだひろとし	1968（S43）
本坊豊吉	ほんぼうとよきち	1988（S63）
ヘルムート・マウハー	マウハー	1998（H10）
前尾繁三郎	まえおしげじろう	1974（S49）
前田勝之助	まえだかつのすけ	2011（H23）
前田青邨	まえだせいそん	1968（S43）
槇田久生	まきたひさお	1985（S60）
槇原　稔	まきはらみのる	2009（H21）
正宗白鳥	まさむねはくちょう	1956（S31）
益川敏英	ますかわとしひで	2009（H21）
益谷秀次	ますたにしゅうじ	1960（S35）
町村金五	まちむらきんご	1981（S56）
町村敬貴	まちむらひろたか	1964（S39）
松岡　功	まつおかいさお	2016（H28）
松尾静磨	まつおしずま	1961（S36）
松沢卓二	まつざわたくじ	1994（H6）
松下幸之助	まつしたこうのすけ	1956（S31）
松下幸之助	まつしたこうのすけ	1976（S51）
松下正寿	まつしたまさとし	1962（S37）
松田伊三雄	まつだいさお	1972（S47）
松田権六	まつだごんろく	1980（S55）
松田竹千代	まつだたけちよ	1968（S43）
松田恒次	まつだつねじ	1965（S40）
松田昌士	まつだまさたけ	2008（H20）
松永信雄	まつながのぶお	2001（H13）
松永安左エ門	まつながやすざえもん	1964（S39）

松野鶴平	まつのつるへい	1958（S33）
松原　治	まつばらおさむ	2004（H16）
松前重義	まつまえしげよし	1967（S42）
松村謙三	まつむらけんぞう	1956（S31）
松本幸四郎（9代目）	まつもとこうしろう	2011（H23）
松本　紘	まつもとひろし	2015（H27）
マナブ間部	まなぶまべ	1993（H5）
マハティール・モハマド	マハティール	1995（H7）
マイク・マンスフィールド	マンスフィールド	1999（H11）
三浦哲郎	みうらてつろう	2000（H12）
三浦雄一郎	みうらゆういちろう	2006（H18）
御木徳近	みきとくちか	1978（S53）
三島海雲	みしまかいうん	1966（S41）
三島徳七	みしまとくひち	1963（S38）
水上達三	みずかみたつぞう	1973（S48）
水上　勉	みずかみつとむ	1988（S63）
水木しげる	みずきしげる	2003（H15）
水谷八重子	みずたにやえこ	1970（S45）
水田三喜男	みずたみきお	1969（S44）
水野健次郎	みずのけんじろう	1987（S62）
水原秋桜子	みずはらしゅうおうし	1963（S38）
三船久蔵	みふねきゅうぞう	1957（S32）
三村起一	みむらきいち	1962（S37）
宮内義彦	みやうちよしひこ	2013（H25）
宮城まり子	みやぎまりこ	2007（H19）
三宅重光	みやけしげみつ	1983（S58）
三宅正一	みやけしょういち	1971（S46）

ミヤコ蝶々	みやこちょうちょう	1998（H10）
宮崎　輝	みやざきかがやき	1983（S58）
宮崎辰雄	みやざきたつお	1985（S60）
宮澤喜一	みやざわきいち	2006（H18）
宮田義二	みやたよしじ	1978（S53）
宮本留吉	みやもととめきち	1983（S58）
ゴードン・ムーア	ムーア・ゴードン	1995（H7）
向坊　隆	むかいぼうたかし	1984（S59）
武蔵川喜偉	むさしがわよしひで	1974（S49）
武者小路実篤	むしゃこうじさねあつ	1956（S31）
棟方志功	むなかたしこう	1974（S49）
村上信夫	むらかみのぶお	2001（H13）
村田　昭	むらたあきら	1993（H5）
村松梢風	むらまつしょうふう	1956（S31）
村山富市	むらやまとみいち	1996（H8）
室生犀星	むろおさいせい	1961（S36）
室伏　稔	むろふしみのる	2011（H23）
茂木啓三郎	もぎけいざぶろう	1971（S46）
茂木友三郎	もぎともさぶろう	2012（H24）
森口華弘	もりぐちかこう	1976（S51）
森繁久彌	もりしげひさや	1979（S54）
森　澄雄	もりすみお	2007（H19）
森　泰吉郎	もりたいきちろう	1991（H3）
森戸辰男	もりとたつお	1976（S51）
森　英恵	もりはなえ	1994（H6）
森　光子	もりみつこ	2007（H19）
森本公誠	もりもとこうせい	2014（H26）

森　喜朗	もりよしろう	2012（H24）
諸井貫一	もろいかんいち	1960（S35）
両角良彦	もろずみよしひこ	1996（H8）
諸橋晋六	もろはししんろく	1996（H8）
諸橋轍次	もろはしてつじ	1965（S40）
矢口洪一	やぐちこういち	1992（H4）
矢嶋英敏	やじまひでとし	2004（H16）
八城政基	やしろまさき	1997（H9）
安井　謙	やすいけん	1981（S56）
安居祥策	やすいしょうさく	2009（H21）
安井誠一郎	やすいせいいちろう	1957（S32）
安井正義	やすいまさよし	1979（S54）
安岡章太郎	やすおかしょうたろう	1996（H8）
安川第五郎	やすかわだいごろう	1958（S33）
柳田誠二郎	やなぎたせいじろう	1963（S38）
柳家小さん	やなぎやこさん	1984（S59）
梁瀬次郎	やなせじろう	1984（S59）
八尋俊邦	やひろとしくに	1989（H1）
山岡孫吉	やまおかまごきち	1959（S34）
山岸　章	やまぎしあきら	1996（H8）
山口華楊	やまぐちかよう	1983（S58）
山口喜久一郎	やまぐちきくいちろう	1966（S41）
山口誓子	やまぐちせいし	1966（S41）
山口淑子	やまぐちよしこ	2004（H16）
山崎種二	やまざきたねじ	1956（S31）
山路敬三	やまじけいぞう	1997（H9）
山下　勇	やましたいさむ	1987（S62）

山下洋輔	やましたようすけ	2011（H23）
山階芳麿	やましなよしまろ	1979（S54）
山高しげり	やまたかしげり	1975（S50）
山田恵諦	やまだけいてい	1992（H4）
山田耕筰	やまだこうさく	1956（S31）
山田徳兵衛	やまだとくべえ	1982（S57）
山田光成	やまだみつなり	1986（S61）
山田洋次	やまだようじ	1996（H8）
山中貞則	やまなかさだのり	1997（H9）
山根有三	やまねゆうぞう	2000（H12）
山村雄一	やまむらゆういち	1989（H1）
山本丘人	やまもときゅうじん	1978（S53）
山本卓眞	やまもとたくま	1999（H11）
山本為三郎	やまもとためさぶろう	1957（S32）
山本富士子	やまもとふじこ	2002（H14）
屋良朝苗	やらちょうびょう	1970（S45）
湯浅佑一	ゆあさゆういち	1980（S55）
横尾忠則	よこおただのり	1995（H7）
横河正三	よこがわしょうぞう	1996（H8）
横山通夫	よこやまみちお	1977（S52）
横山隆一	よこやまりゅういち	1971（S46）
吉井　勇	よしいいさむ	1957（S32）
吉岡隆徳	よしおかたかのり	1978（S53）
芳沢謙吉	よしざわけんきち	1957（S32）
吉住慈恭（4代目）	よしずみじきょう	1970（S45）
吉田庄一郎	よしだしょういちろう	2007（H19）
吉田忠雄	よしだただお	1977（S52）

吉田　正	よしだただし	1985（S60）
吉田玉男	よしだたまお	1991（H3）
吉田難波掾	よしだなにわじょう	1958（S33）
吉田蓑助（3代目）	よしだみのすけ	2007（H19）
吉田義男	よしだよしお	2008（H20）
吉野俊彦	よしのとしひこ	1992（H4）
淀川長治	よどがわながはる	1997（H9）
米沢　滋	よねざわしげる	1976（S51）
米沢富美子	よねざわふみこ	2012（H24）
米山　稔	よねやまみのる	2005（H17）
フィデル・V・ラモス	ラモス	2003（H15）
笠　智衆	りゅうちしゅう	1986（S61）
林　海峰	りんかいほう	2003（H15）
ルイス・ガースナー	ルイスガースナー	2002（H14）
和田　勇	わだいさみ	2013（H25）
和田完二	わだかんじ	1961（S36）
和田恒輔	わだつねすけ	1971（S46）
渡辺　格	わたなべいたる	1997（H9）
渡辺貞夫	わたなべさだお	1999（H11）
渡辺淳一	わたなべじゅんいち	2013（H25）
渡辺　武	わたなべたけし	1973（S48）
渡邉恒雄	わたなべつねお	2006（H18）
渡辺文夫	わたなべふみお	1998（H10）
渡辺政人	わたなべまさと	1960（S35）
渡　文明	わたりふみあき	2013（H25）

※元号の略字は、Sは昭和、Hは平成を表す。

おわりに

5年前に経済人を中心に扱った拙著『ビジネスは「私の履歴書」が教えてくれた』はビジネス書として、主に仕事や経営についてヒントになるものを抽出して書いたものでした。現役を引退するとビジネスにプラスになるヒントよりも、人生にプラスになる「生き方」の記載に興味が湧いてきました。そうすると経済人よりも芸術家やアスリート、芸能人の生き方により魅力を感じ、もう一度昭和31年3月から「私の履歴書」に登場した全ての人物について読み直したのでした。

そうすると、「人生にプラスになる生き方」のヒントが、あるわあるわ、でした。演説のプロと評された政治家の若い日のコンプレックス、人気女優の薬物中毒、世界的な演出家の挫折、偉大な芸術家が才能がないと悩んだ時期、売れない作曲家の悶々とした日々、偉大なアスリートが下積み時代に猛特訓を受けた苦しみ、強い同志の絆で事実婚に耐える芸術家などについて読むほどに、人それぞれに苦悩があり、それを克服して新しい境地を切り開いた先達の見事な生き方に共鳴し感動したのでした。やはり、いろいろな苦労の雨が降らないと美しい虹が出ないのだなあとも実感したのでした。

この「私の履歴書」には、それぞれの分野のすぐれた人たちの人生の縮図が書かれていますから、これを読むことで自分の人生観が深まり、拡がり、生き方のヒントを数多く得ることになります。

読者のみなさんには、教科書を読むようにページの順番に読むのではなく、気楽に好きな人物のエピソードを楽しむ形で読み進めていただければ嬉しい。そして過去の自分の苦しかった境遇や克服を思い出し、現在直面している課題に立ち向かっていけるヒントが得られれば幸いです。

今回収載できなかったエピソードの「初めて知る興味深い事実」や「履歴書の舞台裏」、登場者の分類では「誕生地」「出身校」「業種別経済人」「政治家や芸術家などの職業別」があり、分析では「連載回数の多い人・少ない人」「名前の登場回数の多い人」「登場者の縁戚関係」「登場した才女とスクリーン美女」など興味深い資料ができあがりました。これらは、この本著の補完となりますから、近日「私の履歴書」資料編として発行する予定です。ご期待ください。

また、前回のビジネス書を出した後、私は自分のホームページを立ち上げ、「私の履歴書」専用の内容にしました。そこには「履歴書」の中からビジネスのヒント、興味ある読み方やエピソード、そして登場者の執筆年月日なども収録しました。そして毎月「履歴書」に登場する人物を私なりの感想を添えて掲載しています。そうすると多くの「履歴書」愛読者が自分の感想と比較するためか、閲覧をしてくれるようになりました。ご興味があれば覗いてください。URLは、http://myhistory.life.coocan.jp/ です。または、インターネットで「吉田勝昭のホームページ」を検索していただくと上記のホームページを見ることができます。

最後になりましたが、この本を出版するにあたっていろいろな方にお世話になりました。はじめにでも書きましたように、天風会や他の友人・知人の温かい応援、そして最後まで執筆を勇気づけてくださった日本ケミファの山口一城社長、心友の菊池正英氏、そして編集を手伝ってくださった大久保龍也氏、原田陽平氏これらの人たちの強い後押しがなければ、この本の出版はできませんでした。ここに、これらの方々に心からお礼を申し上げ感謝いたします。

平成29年7月吉日

吉田勝昭

〈著者略歴〉

吉田勝昭（よしだ　まさあき）

・1966年、関西学院大学法学部政治学科卒業

・同年：日本ケミファ㈱入社。営業、総務、人事、経営企画部門等を経験し、1995年取締役に就任。常務取締役、取締役専務執行役員を歴任。

・一般社団法人　中小企業診断協会本部・理事（2005年～2011年）

現在：

・公益財団法人　日本ユースリーダー協会・常務理事

・公益財団法人　天風会 評議員・千葉の会代表

・一般社団法人　東京都中小企業診断士協会　医療ビジネス研究会・顧問

・一般社団法人　日本勤労青少年団体協議会　理事

・任意団体 「私の履歴書」研究会　主宰

資格：

・中小企業診断士（経済産業大臣登録）

著書：「ビジネスは『私の履歴書』が教えてくれた」2012年、中央公論事業出版

人生を「私の履歴書」から学ぶ

「心の雨の日」には

2017年8月1日　第1版第1刷発行

著　者　吉田勝昭

発　行　株式会社ＰＨＰエディターズ・グループ

〒135-0061　江東区豊洲5-6-52

☎03-6204-2931

http://www.peg.co.jp/

発　売　株式会社素材図書

〒100-0013　千代田区霞が関3-7-1

☎03-3591-6336　FAX 03-5510-2533

印刷所
製本所　シナノ印刷株式会社

ISBN978-4-908064-07-4